AF630247

Keiner konnte so über Essen schreiben wie MFK Fisher. Wenn sie statt des Kochlöffels die Feder erhebt und mit wenigen Strichen eine Person oder Szenerie skizziert, persönliche Erlebnisse und die Kulturgeschichte des Essens miteinander verwebt, verwandelt die »Poetin des Appetits« kleine Geschichten und Beobachtungen in große Literatur. Mit ihren Essays, aus denen der Geist einer vergangenen Epoche spricht, beschwört sie eine ganz eigene Kunst der Tafelfeuilletons herauf: sinnlich, offenherzig, welthaltig und kenntnisreich. Dieser Band versammelt die schönsten Texte von MFK Fisher rund ums Thema Kochen und Genießen, Esskultur und Tischdekoration.

Mary Frances Kennedy Fisher (1908–1992) wuchs in Kalifornien auf. Mit ihrem ersten Mann verbrachte sie im französischen Dijon die beiden prägendsten Jahre ihres Lebens. Jenseits gängiger Gastrokolumnen schrieb sie feinsinnige Tafelfeuilletons u. a. für den *New Yorker*. Ihre kulinarische Leidenschaft überdauerte drei Ehen, zahlreiche Affären mit Männern und Frauen und hielt bis zu ihrem Tod an. Sie wurde mit vielen Auszeichnungen bedacht und war eine Institution des amerikanischen Kulturlebens. Ihr zu Ehren wird von *Les Dames d'Escoffier International* alle zwei Jahre der *MFK Fisher Award* verliehen.

Mary Frances Kennedy Fisher (1908–1992)

MFK FISHER

# *Die Kunst des Essens*

## Anleitung zum Genuss

Aus dem Amerikanischen
von Brigitte Ebersbach

ebersbach & simon

# Inhalt

Look, if you have to eat to live,
you might as well enjoy it.
*MFK Fisher*

## Erster Gang
### Warum ich über den Hunger schreibe

Ich werde häufig gefragt, warum ich über Essen und über Trinken schreibe. Warum schreibst du nicht über die Kämpfe um Macht und Sicherheit oder über die Liebe, so wie andere? Man fragt in einem anschuldigenden Ton, als ob ich die Ehre meines Handwerkes verletzten würde. Meine Antwort darauf ist einfach: Wie die meisten anderen Menschen habe ich Hunger. Aber es ist mehr als das. Mir scheint, dass die drei fundamentalen Bedürfnisse nach Essen, Sicherheit und Liebe so eng miteinander verbunden sind, dass sie getrennt voneinander nicht denkbar sind. Wenn ich also über den Hunger schreibe, schreibe ich eigentlich über die Liebe und den Hunger nach Liebe, über die Wärme und den Hunger nach Wärme … die Wärme, Reichhaltigkeit und pure Wahrheit des Hungers … es ist alles eins.

Ich erzähle von mir, zum Beispiel davon, wie ich in einem Zimmer, das heute schon in kleinste Staubkörnchen zerfallen ist, Rotwein trank. Und ohne es zu wollen, erzähle ich auch von den Menschen, die mich damals umgaben, und von ihren ganz anderen starken Bedürfnissen nach Liebe und Zufriedenheit.

Ich bin davon überzeugt, dass Essen in den meisten Fällen auch Nahrung fürs Herz ist, um den ungezügelteren, nachdrücklicheren Hunger zu stillen. Essen muss jeder, und wenn man angesichts dieser Tatsache auch andere Nahrung, Toleranz und Mitgefühl, findet, dann hätten wir die menschliche Würde erreicht.

Wenn das Brot gebrochen und der Wein getrunken wird, ist das mehr als die Vereinigung unserer Körper. Das ist meine Antwort auf die Frage: Warum schreibst du über Hunger und nicht über Krieg oder Liebe?

# Zweiter Gang
## Der erste Geschmack

Der erste Geschmack, an den ich mich erinnern kann und den ich wieder und wieder schmecken wollte, ist der des gräulich-rosafarbenen Schaumes, den meine Großmutter von einem spuckenden Kessel voller Erdbeermarmelade abschöpfte. Ich war etwa vier Jahre alt.

Die Arbeiten im Haushalt folgten damals einem wesentlich größeren Ritual, als sie es heutzutage tun. Bisweilen glich die Hausarbeit einem zähen, wenngleich unbewussten Martyrium. Für die verschiedenen Arbeiten gab es feste Zeiten. Eine ganz bestimmte Woche im Jahr galt den Näharbeiten, eine andere dem Frühjahrsputz. Aber es gab auch Zeiten, die das normale Leben beinahe wie Festtage unterbrachen, die regelmäßig eingehalten wurden, egal wie es um das Wetter, die finanzielle Situation oder die Gesundheit der Familie bestellt war.

Heute erscheinen mir viele von diesen Ritualen seltsam oder sogar dumm, aber wahrscheinlich sorgte dieser feste Rhythmus im häuslichen Zeitverlauf für die nötige Abwechslung.

Früher wurde bei uns jedes Jahr im Sommer innerhalb einer kurzen Zeit, dafür umso heftiger eingeweckt. Kisten und Körbe und andere Behälter mit reifen Früchten, die man zu günstigem Preis erstanden hatte, lagerten in ihrer satten Duftwolke auf der abgeschirmten Veranda, und ein ganzes Heer von Emailletöpfen, Schöpfkellen und weiten Trichtern wurde aus den hintersten Ecken der Geschirrschränke hervorgeholt.

Wir Kinder veranstalteten die herrlichsten Picknicke, während Großmutter, Mutter und die Köchin mit fieberhafter Konzentration in unserer großen dunklen Küche bis zur Erschöpfung arbeiteten und sehr stolz darauf waren, wenn sie das Wettrennen gegen die Sommerhitze und den Verfallsprozess gewonnen hatten. Die Erdbeeren kamen zuerst dran, hauptsächlich für Marmelade. Sauerkirschen – die hellen für Kuchen, die dunklen zum Einwecken – waren ein bisschen später dran, und dann kamen die Aprikosen. Wenn sie sehr reif waren, wurde aus ihnen Marmelade gemacht. Die festeren wurden einfach ›bereitgestellt‹, wie es in der Sprache meiner Großmutter hieß. Sie wurden nur mit etwas Zucker aufgekocht und zum Frühstück gegessen oder im Winter zum Nachtisch.

Meine Großmutter war eine strenge Frau, als könnte sie auf diese Weise sicher in den Himmel kommen. Mein Vater hätte ihr wohl gerne, so wie ich auch, beim Einwecken geholfen. Aber Großmutter, die ihre Pflichten, wie es für religiöse Frauen typisch ist, mit Freuden erfüllte, machte deutlich, dass Küchenarbeit ein bitterernstes Geschäft war, das für Männer und erst recht für Kinder verboten war. Manchmal ließ sie mich die Stiele der Kirschen entfernen, und einmal, da war ich fast neun, durfte ich ab und zu in den Töpfen rühren. Ich gab keinen Laut von mir und machte mich dabei so klein wie möglich.

Unsinn oder albernes Geschnatter waren nicht erlaubt. Mutter war noch jung und oft fröhlich, die Köchin auch, doch unter Großmutters Anweisungen arbeiteten sie still und ohne Pause: umrühren, schwitzen, schnell, schnell. Ich fand das schlimm, denn eigentlich sollte so eine wohlriechende Aufgabe doch Freude machen.

Trotz äußerster Askese stieg aus der heißen Küche ein strenger Geruch auf. Die Früchte auf der Veranda verfaulten in ihren Kisten oder wurden sorgfältig auf die mit Saft getränkten Tische gestapelt, um sie von dort in die Töpfe zu füllen. Großmutter, die immer sehr sparsam war, stand wie eine Opferpriesterin im Dampf und schöpfte den Schaum in eine breite weiße Schüssel. Manchmal, aber wirklich nur manchmal, durfte ich meinen Finger in den abkühlenden Schaum tunken und daran lecken. Er war warm und süß und roch sehr gut – einfach großartig.

## Dritter Gang
### Picknick in der Abenddämmerung

Zur Ranch meiner Großtante Maggie, die auf der anderen Seite der Berge liegt, braucht man heute von Los Angeles aus ein paar Stunden, aber als ich das erste Mal dorthin fuhr, brauchten wir fast den ganzen Tag.

Heute werden die Straßen sogar im All-Year-Round Club erwähnt, aber im September 1918, kurz vor Kriegsende, verdienten sie kaum die Bezeichnung Straße. In der Nähe der Stadt waren sie geteert, ja, aber wenn man weiter in die Berge und dann in Richtung Wüste fuhr, verwandelten sie sich in Feldwege. Gegen Ende gab es lediglich zwei Fahrrinnen, die durch die Joshua Trees führten.

Meine kleine Schwester Anne und ich waren das erste Mal von zu Hause weg. Vater fuhr uns mit Mutter im Ford hin, damit wir unseren Verwandten beim Einwecken helfen konnten. Für die Eltern hatten wir Bier dabei, das in der Hitze explodierte; für Anne und mich und für das Auto Wasser. Wir hatten vier Reifenpannen, aber da hätten wir noch Glück gehabt, meinte Vater, während er in der heißen Sonne gelassen die Reifen flickte; auf einer derart langen und anstrengenden Fahrt hatte er doppelt so viele erwartet.

Die Ranch war großartig; alte, ehemalige Soldaten und lautstarke Jungs pflückten den ganzen Tag lang

Pfirsiche oder die frühen Birnen, nachts sangen und stritten sie in den Schlafbaracken. Wir durften uns ihnen nicht nähern, auch nicht dem Pferch in der Mitte eines grünen Alfalfa-Feldes, wo ein neuer Preisbulle, der schwarz war wie die Nacht, im bleichen Sand scharrte.

Die meiste Zeit verbrachten wir an einem Wasserlauf unter Pappeln oder wir beobachteten Old Mary, die alte Köchin, wie sie in einem großen Butterfass zwischen ihren bergigen Knien Butter machte. Dann formte sie die Butter zu Fladen und ließ sie ins Wasser gleiten. Sie wurden in der dunklen Kühle des Butterhauses aufbewahrt. Dort deponierte sie auch Steinkrüge mit Sahne und Drahtkörbe mit Eiern und Salat. Wenn sie diese wie ins Netz gegangene Fische hochzog und uns dabei mit kaltem Wasser bespritzte, dann lachte sie genauso wie wir.

Vater musste zum Arbeiten wieder zurück. Mutter sollte auf der Ranch bleiben, um weiter beim Obsteinwecken zu helfen. Anne und ich fuhren mit Vater allein nach Hause, was genauso aufregend war, wie das erste Mal allein von zu Hause weg zu sein.

Heute gibt er zu, dass er große Angst davor gehabt hatte, obwohl unsere Großmutter auch zu Hause war, um wie immer auf uns aufzupassen. Er sei nervös gewesen, als er die Ranch mit zwei kleinen Monstern verließ, die neben ihm auf dem heißen Sitz saßen und ihm plötzlich fremd vorkamen. Wahrscheinlich hat er sich mit uns unterhalten – ich kann mich nicht mehr so genau erinnern –, aber ich weiß, dass er kein einziges Bier getrunken hat. Das wäre vor zwei jungen Damen ohne Begleitung nicht schicklich gewesen.

Wir hatten die Wüste hinter uns gelassen und fuhren bei Sonnenuntergang an den tief eingeschnittenen, kurvenreichen Canyons entlang. Dann folgte die Straßenführung sanft dem Flussbett, und wir fuhren unter Eichen, die in den trockenen Bergtälern in diesem Teil Kaliforniens wachsen. An einer kleinen Hütte, wo man Wasser kaufen konnte, hielten wir an und setzten uns unter einem riesigen goldbraunen Baum an einen Tisch.

Vater sagte, ich solle Anne ein Stück runter zum ausgetrockneten Flussbett führen. Ich fühlte mich sehr erwachsen. Als wir zurückkamen, hielten wir unsere Hände unter den Wasserhahn und trockneten sie an unseren Unterhosen ab, was wir bei unserer Mutter niemals gedurft hätten. Dann saßen wir drei in der Abenddämmerung auf einer rauen Bank am Tisch und aßen unser Abendbrot. Anne und ich, wir hatten eine leise Aufregung verspürt, weil wir mit dem einzigen Mann auf der Welt, den wir liebten, zum ersten Mal allein waren. Natürlich liebten wir Mutter auch, aber wie Vater hatten auch wir entdeckt, dass es gut ist, wenn Kinder manchmal nur mit einem Elternteil zusammen sind, entweder mit dem Vater oder der Mutter. Dann kommen ganz neue Töne zwischen Eltern und Kindern zum Klingen.

Nicht nur hatte ich an diesem Abend meinen Vater zum ersten Mal als Person wahrgenommen, ich sah auch die goldenen Berge und die Eichen so klar wie nie zuvor und die Grübchen in den dicken Händen meiner kleinen Schwester in einer Art, die mich immer noch bewegt. Das Essen erlebte ich als etwas Wunderschönes, das es mit Menschen zu teilen gilt, und nicht als etwas, das man dreimal täglich aus Notwendigkeit einnahm.

Was wir gegessen haben, weiß ich nicht mehr, bis auf den Nachtisch. Es war ein großer runder Pfirsichkuchen, noch warm von Old Marys Backrohr und von der Fahrt durch die Wüste. Er war sehr saftig und dick mit reifen Pfirsichen belegt, die am Mittag gepflückt worden waren. Vater sagte, es wären *Royal Albertas*. Nie zuvor hatte ich so eine schmackhafte Kruste gegessen, außer vielleicht einmal auf einem heißen Pflaumenkuchen bei *Simpson's* in London. Dazu gab es Schlagsahne aus einem Glas, das wir im Fluss gekühlt hatten. Vater teilte den Kuchen in drei Teile, die er auf weiße Suppenteller gab, und löffelte dann die dicke Sahne heraus. Statt mit Gabeln, die wir bei Mutter benutzten, aßen wir mit Löffeln und schwebten im siebten Himmel.

Wir aßen den ganzen Kuchen und die Sahne – ob wir auch dem Mann, der Wasser verkaufte, Sahne gaben, weiß ich nicht mehr – und dann fuhren wir schläfrig nach Los Angeles. Wir haben nie darüber gesprochen, aber für uns war es eine der besten Mahlzeiten, die wir je genossen haben. Vielleicht, weil es für mich die erste bewusste Mahlzeit war, aber ich nehme an, dass es noch andere Gründe gab, weshalb es so wichtig war. Ich glaube, dass jeder einmal so etwas erlebt. Jedenfalls hoffe ich es.

Heute führen Super-Highways durch die Berge, und ich könnte nicht mehr sagen, ob wir an jenem Abend im Mint Canyon oder in Bouquet saßen – schließlich sind seither mehr als fünfundzwanzig Jahre vergangen. Trotzdem, der warme runde Pfirsichkuchen und die kühle gelbliche Sahne, die wir in dieser Augustnacht aßen, schmecken wir seither auf unseren Gaumen – saftig, geheimnisvoll und delikat.

## Vierter Gang
### Das französische Messer

Ich kenne eine gertenschlanke und zerbrechliche Schauspielerin mit großen azurblauen Augen, in denen ein entrückter Glanz liegt. Sie ist eine wahre Feinschmeckerin, die gern reichhaltige, scharfe und üppige Mahlzeiten zubereitet. Und sie kocht gut.

Sie lädt gern eine Menge berühmter Leute ein, versammelt sie an einem langen Tisch, der vollgestellt ist mit Blumen, Gläsern, Schalen mit Nüssen, mit armenischer Marmelade, russischen Köstlichkeiten und indischem Chutney, außerdem mit Bier und Wein, ja sogar mit Wasser, und sie trägt eine riesige Terrine Ochsenschwanzsuppe mit Klößchen auf. Sie verbringt viele Tage mit der Zubereitung und verwendet besondere Gewürze, die sie in Bombay, Soho oder Honolulu entdeckt hat. Dann sitzt sie glücklich lächelnd daneben und sieht zu, wie alles verschwindet. Schließlich verschwindet sie selbst und wankt nach wenigen Minuten mit einer *omelette surprise,* die so groß ist wie ein Waschzuber, zum Tisch – ein Genuss für die Augen und eine Freude für etwa fünfzehn Minuten.

Die Feinschmeckerin mit den wie Sterne funkelnden Augen hat eine acht- oder neunjährige Tochter, die die sinnenfreudigen Speisen ihrer Mutter hasst und deswegen spindeldürr ist. Die einzige Möglichkeit, Fleisch an ihre Knochen zu bekommen, besteht darin, sie für eine oder zwei Wochen zu ihrer Großmutter zu schicken, wo sie zu Mittag Speiseeis isst, zum Abendessen Kartoffelbrei und zum Frühstück warmen Grießbrei.

Die Schauspielerin ist verzweifelt. Ich tröste sie, indem ich ihr sage, dass es mit fortschreitender Zeit immer noch Hoffnung gibt. Aber sie, vielleicht wegen ihrer Schönheit, tut so, als wäre keine Zeit mehr.

Ich bin davon überzeugt, dass kleine Kinder sehr sensible Gaumen haben. Ein klein wenig Pfeffer ist für sie schon das, was für uns ein ordentlich gewürztes Curry ist. Sie vertragen Süßes am besten, aber alles, was sauer oder scharf gewürzt ist, ist unangenehm für sie.

Die Fähigkeit eines Erwachsenen, ein raffiniert gewürztes Gulasch oder eine rote, scharfe Chili oder meinetwegen auch einen ordentlich abgehangenen Fasan zu genießen, ist zum Teil auf seine getrübten Geschmacksnerven zurückzuführen, die durch andere Genüsse und durch die immerwährende Betäubung durch Alkohol und Zigarettenqualm abgestumpft sind. Dagegen können junge Menschen milde Wonnen in Speisen entdecken, die ältere Menschen nur langweilig finden.

Andererseits ist es falsch zu glauben, dass Kinder, die auch nur über einen Funken Temperament und Intelligenz verfügen, ein völlig monotones Essen begrüßen würden. Ich weiß das, weil ich mich sehr gut an unsere Köchin Ora erinnern kann.

Meine Großmutter, die seltsamerweise einer sehr unterentwickelten Küche nachhing, litt die letzten dreißig Jahre ihres Lebens an einer dubiosen Krankheit, bis sie innerhalb von vier Tagen an einem Hirnschlag starb.

Sie war eine energische Frau, die aufgrund unterdrückter Gefühle angespannt war und einen ›nervösen Magen‹ hatte. Sie verbrachte viel Zeit in Sanatorien, meist wirklich krank, und wenn sie bei uns war, mussten wir uns an ihre Diätpläne halten, was wohl gut für uns sein sollte: nichts Gebratenes, keine Pasteten, kein Öl, nichts Gewürztes.

Die Ärzte hatten Großmutter, die eine gut aussehende, würdevolle alte Dame war, geraten, jederzeit zu rülpsen, wenn sie das Bedürfnis dazu verspürte, was sie dann auch tat. Sie rülpste laut, egal wo und wann, sodass jeder, der Großmutter nicht kannte, dachte, bei uns gäbe es die tollsten Schlemmereien. Und tatsächlich, für ein paar Wochen, war das auch so – als Ora in unserer Küche arbeitete.

Ora war eine Frau mit spärlichen grauen Haaren, die sehr zurückhaltend war und alles für sich behielt. Nachmittags und sonntags hatte sie regelmäßig frei. Ihr kleines Zimmer hielt sie stets in Ordnung; es war so akkurat wie sie selbst. Die übrige Zeit verbrachte sie in einer Art Ekstase in der Küche.

Sie liebte es zu kochen, so wie andere Leute es lieben zu beten oder zu tanzen oder sich zu streiten. Sie wollte dabei allein gelassen werden, sogar wenn sie Lebensmittel bestellte. Das Essen war allein ihre Angelegenheit. Es waren mit die besten Mahlzeiten, die ich je aß … all die Dinge, die wir schon immer aßen, aber auf eine Art präsentiert, die uns verblüffte und in Entzücken versetzte.

Großmutter hasste Ora. Ich kenne nicht die wahren Gründe dafür, aber ich denke, sie hasste sie, weil Ora nicht so war wie jene unbedarften Mädchen, die

Großmutter normalerweise einstellte, weil sie meinte, dass sie für die bürgerliche Küche am besten geeignet wären. Ora bereitete das ›einfache gute Essen‹ so zu, dass es aufregend, neu und köstlich war. Deshalb fand meine in strenger Askese lebende Großmutter, dass Ora die Falsche war.

»Esst, was man euch vorsetzt, und seid dankbar dafür«, sagte Großmutter häufig; oder mit anderen Worten: »Nehmt, was Gott schuf, und esst demütig und ohne sündhaften Genuss.«

Das Meiste, das Ora zu Tisch brachte, war für Großmutter ›unberührbar‹. Ihre Rülpser wurden lauter, und sie ernährte sich nur von Reiswasser und gedünsteten Tomaten mit Weißbrot.

»Das Mädchen ruiniert dich«, sagte sie zu Mutter, wenn das Montagshaschee in einer neuen köstlichen Camouflage auf den Tisch kam. Aber Mutter musste zugeben, dass die Rechnungen nicht höher waren als früher.

»Noch vor nächster Woche werden es die Kinder am Magen haben«, gab Großmutter mürrisch zwischen ihren Rülpsern von sich. Aber wir waren gesünder denn je.

»Ihre Tischmanieren sind schlecht«, stellte Großmutter fest. Und es stimmte, wenn man wie sie und auch Millionen unglückliche Angelsachsen daran glaubte, dass man beim Essen keinerlei Bemerkungen über das Essen machen und schon gar kein Lob oder gar Freude zum Ausdruck bringen soll.

In den wenigen Wochen, die Ora bei uns war, betrachteten meine kleine Schwester Anne und ich jedes

Gericht, das sie servierte, und spekulierten darüber, wie es wohl schmecken würde. »Oh Mutter«, riefen wir verzückt aus. »Da sind kleine Sternchen, alle aus Teig! Oh, wie wunderschön! Oh, wie gut!«

Meine Mutter wurde zuerst verlegen und dann streng; schließlich war sie von Großmutter erzogen worden. Sie redete mit uns unter vier Augen und erklärte uns, dass es sich für Kinder nicht gehöre, Bemerkungen übers Essen zu machen, besonders, wenn die Köchin sie hören könnte. »Ihr habt das doch noch nie gemacht«, sagte sie, womit sie den Mangel an Gelegenheiten dafür zugab.

Wir schauten uns nur stumm an und waren glücklich, dass wir beide ein höheres Bewusstsein davon hatten, was eine Küche bieten konnte.

Obwohl ich sehr jung war, wusste ich, dass Fleisch, das mit einem Messer gehackt wird, besser ist als Fleisch, das in einem Häcksler misshandelt wird; dass frisch gehackte Kräuter beinahe alles besser machen; dass in Würfel geschnittener Sellerie anders schmeckt als Sellerie am Strunk, so wie Karotten in gewellter Form und Toast in Halbmondform unendlich appetitlicher sind als dicke Brocken und Würfel.

Auch andere, weniger offensichtliche Dinge nahm ich wahr: wenn zum Beispiel andere Gewürze außer Salz und Pfeffer verwendet wurden oder wenn die Gefahr von Eintönigkeit bestand. Auf jeden Fall hatten die meisten meiner Beobachtungen in irgendeiner Form mit Oras Messer zu tun, das sie mitgebracht hatte. Ihr französisches Messer, wie sie es nannte, war ein langes Messer mit einer blanken, gebogenen Spitze. Sie machte fast alles damit, schneiden und tranchieren, zerteilen und zerhacken, und als wäre es ein Teil ihrer Hand, benutzte sie es sogar, um Dinge im Ofen zu wenden. Ein französisches Messer zu haben, es überall mit hinzunehmen und es jede freie Minute zu putzen und zu schärfen, das war etwas, das Großmutter nicht an ihr mochte.

Jeden Samstagmorgen kam Mrs. Kemp zu uns, um Großmutters schönes weißes Haar zu waschen. Mrs. Kemp mochte »das Mädchen« nicht. Ora ängstige sie, wenn sie dauernd ihr Messer schärfe, meinte sie. Deswegen kam sie auch nicht durch die hintere Küchentür, sondern stets durch die vordere Haustür zu uns herein. Anne und ich hielten unsere Zungen höflich im Zaum und unsere Münder beim Essen so weit offen wie kleine hungrige Vögel. Großmutter rülpste aufsässig und was Mutter und Vater taten, weiß ich nicht mehr, außer natürlich, dass sie aßen.

Eines Sonntags kam Ora nicht von ihrem freien Tag zurück. Mutter würde schon bald ihr Baby bekommen, und Großmutter sagte: »Siehst du! Das Mädchen weiß, was sie tut! Sie will einfach nicht mit einem Kindermädchen zusammen im Haus sein!«

Am nächsten Tag hörten wir, dass Ora sich nicht wie sonst nach einem ruhigen, angenehmen Sonntag von ihrer Mutter verabschiedet habe – sie ging immer mit ihrer Mutter zur Kirche und danach ruhten sich beide Frauen aus –, sondern dass sie sie mit dem französischen Messer zerstückelt habe. Und schließlich habe sie sich selbst fachkundig ihre Handgelenke und ihren Kehle aufgeschlitzt. Die Polizei berichtete, dass das Messer danach weder Kratzer noch Kerben gehabt hätte.

Mrs. Kemp und wahrscheinlich auch Großmutter fühlten sich bestätigt. »Ich habe es immer geahnt«, sagte Mrs. Kemp, noch lange nachdem Ora gegangen war.

Ich weiß nicht, wie es Vater und Mutter ging, aber Anne und ich waren niedergeschlagen. Die Umstände des Todes waren nur von vorübergehendem Interesse für uns, aber wir bedauerten, dass wir nun unvermeidbar zu unserem gewöhnlichen Essen zurückkehren würden. Früher wären wir hilflos gewesen, aber wir beide hatten von der verrückten Ora gelernt und wussten jetzt, was wir dagegen tun konnten.

## Fünfter Gang
### Das Königreich der Töpfe und Pfannen

Mein erstes Gericht war reines Gift. Ich kochte es für meine Mutter, nachdem mein kleiner Bruder David geboren war, und zwanzig Minuten nach dem ersten Bissen war sie mit großen, roten, juckenden Quaddeln übersät. Der Arzt kam, Sodakompressen wurden aufgelegt, Beruhigungsmittel und milde Abführmittel verteilt – und alles klang wieder ab – bis auf meinen großen Schrecken und meine verletzte Ehre. Die Krankenschwester, Miss Faulck, meinte, ich könne schon zufrieden sein, dass man mich in Ruhe ließ.

Der Pudding war in Ordnung: ein kleines rundes milchiges Etwas, das ich am Morgen unter den strengen Augen von Miss Faulck – oder wer auch immer die verrückte Ora in der Küche beerbt hatte – herstellte. Er hatte sich richtig ›gesetzt‹. Ich hatte ihn nach der Anleitung »Kochen für Kranke« in Mutters bestem Rezeptbuch gemacht, und bevor ich den Behälter mit Speisestärke auch nur berührte, hatte ich meine Fingernägel so geschrubbt, dass mir die Tränen kamen.

Dann, am Nachmittag, als der abgekühlte Pudding mit einem Plopp auf dem Teller landete, war mir klar, dass ich meinen ersten kulinarischen Triumph nicht in so nacktem Zustand präsentieren wollte. Er war unanständig bloß, unanständig farblos.

In mir entwickelte sich eine gewisse Loyalität gegenüber Ora, und ohne Miss Faulck Bescheid zu sagen, rannte ich in den hinteren Garten und pflückte zehn reife Brombeeren. Ich pustete den Staub weg und legte sie in einem perfekten Kreis vorsichtig um den kleinen Pudding herum. Seine Perfektion offenbarte plötzlich eine Schönheit, wie sie nur mit einer Miss Amerika vergleichbar ist, die mit der Gewinnerschleife über ihrem symmetrischen Busen auf dem Siegerpodest steht.

Und sogar später, als Mutter immer noch mit den Kompressen dalag, Miss Faulck ihren Mund verzog und David nach der Brust schrie, die er nicht bekommen konnte, weil er vielleicht Bienensaft getrunken hätte, lächelte Mutter über meine Bestürzung und sagte: »Mach dir nichts daraus, Liebes … es war der schönste Pudding, den ich je gesehen habe.«

Ich stimmte ihr verzweifelt zu.

Ich kann mich nicht daran erinnern, dass Mutter jemals so etwas zu mir sagte wie: »Schau, das hier ist ein Teelöffel, und so siebt man Mehl, und aus warmen Eiern macht man keine Mayonnaise …« Aber offensichtlich liebte ich das Kochen, und meine Mutter brachte mir viele Dinge bei, ohne es wie Schulstunden aussehen zu lassen. Auf jeden Fall lernte ich in den nächsten paar Jahren, wie man Orangenplätzchen macht, die meinem Vater vorzüglich schmeckten. Anne und ich hoben unsere immer auf, bis der Rest der Familie vom Tisch aufgestanden war, bedeckten sie dann mit Sahne und Zucker und löffelten sie. Ich konnte auch Biskuitrollen machen, was mir jetzt seltsam erscheint; ich glaube, ich habe sie seit meinem zehnten Lebensjahr nicht mehr gegessen und lege auch keinen gesteigerten Wert darauf.

Ich las leidenschaftlich gerne Kochbücher – anders als bei den Biskuitrollen hat sich diese Leidenschaft über die Jahre verstärkt – und wurde zwangsläufig immer besser. Einmal brachte ich meine arme Schwester dazu, mit mir Hindu-Eier zu essen. Ich war mir sicher, etwas darüber bei Fanny Farmer gelesen zu haben: Man musste nur Currypulver zu einer weißen Sauce geben und diese dann über aufgeschnittene hart gekochte Eier gießen.

Ich verbarg meine Aufregung, als Mutter sagte, dass sie und Vater am Abend unterwegs seien und ich das Abendessen alleine zubereiten müsse. Ich solle die Sauce und die Eier in eine Kasserolle geben und darauf achten, Milch dazu zu trinken, und zum Nachtisch sollte ich ein Glas Pflaumen oder Ähnliches öffnen.

»Ja, Mutter, ich weiß, wie man das macht«, sagte ich ruhig und das Wort *Hindu* vollführte Tänze in meinem Kopf.

Anne und ich waren aufgeregt, als wir uns allein an den großen Tisch setzten. Meine Schwester bewunderte mich, da gab es keine Zweifel, und ich bewunderte mich selbst. Die fette braune Sauce blubberte und verbreitete einen Hauch von Orient. Ich saß auf Vaters Platz und tat uns großzügig auf.

Der erste Bissen und vielleicht die nächsten zwei oder drei waren in Ordnung; wir waren hungrig und wollten schnell die Wärme in unseren Bäuchen spüren. Dann legte Anne ihre Gabel nieder, womit sie mir zuvorkam. Ich behielt meine jedoch in der Hand und war wie jeder wahre Koch entschlossen, meine Kochkunst zu verteidigen.

»Es ist zu scharf, es brennt«, sagte meine kleine Schwester und trank hastig ihre Milch.

»Du musst pusten«, wies ich sie an.

Wir pusteten, und während ich drei weitere Löffel nahm, aß Anne einen aus reinem Pflichtgefühl. Das Brennen schien stärker zu werden. Doch mein Einfluss auf Anne muss damals so überzeugend und bestimmend gewesen sein, dass sie fast alles aufaß, was auf ihrem Teller war, bevor Tränen über ihre runden Wangen kullerten.

Ich leerte meinen Teller voller Stolz, aber innerlich erstarrt, denn ich wusste nun, dass ich einen Fehler gemacht hatte. Ich meinte, mich an das Rezept zu erinnern, aber das war nicht der Fall gewesen. Weil die Sauce so langweilig weiß aussah, machte ich sie mit ungefähr fünf Esslöffeln Curry einfach immer dunkler.

Aus Angst, Vater könnte sehen, wie viel wir in den Mülleimer geworfen hätten, aß ich, so viel ich konnte, und nachdem mir meine liebe kleine Schwester geholfen hatte, die Küche aufzuräumen, gingen wir nach oben und saßen lange auf dem Rand der Badewanne, den Mund voller Öl. Am nächsten Morgen hatten wir nur einige Brandblasen auf unseren Lippen. Keine von uns verlor je wieder ein Wort darüber.

Als ich elf Jahre alt war, zogen wir aufs Land. Wir hatten eine Kuh und Hühner. Deswegen und weil Großmutter gestorben war, aßen wir nun aufwendiger.

Zum Beispiel Schokoladenpudding mit gehackten Nüssen und fetter Schlagsahne und viel Butter. Beim Gedanken daran wird mir heute noch schlecht, aber wir mochten es sehr. Ich war gut im Sahneschlagen und wusste auch, wie man Butter machte – wie man das Butterfass aus Holz reinigte und die Butter zu schönen Bällchen knetete, um sie in die Förmchen zu drücken. Wir machten auch prächtig gelbe Mayonnaise, mit Eiern und Öl, anstatt der abgekochten Sauce, nach der Großmutters despotische Gedärme und ihr strenger Gaumen verlangten.

In einer wahren Orgie, die wahrscheinlich von den wunderschönen Eiern und der herumstehenden Butter herrührte, verbrachte Mutter jeden Samstagmorgen damit, Plätzchen zu backen. Sie waren mit viel Zuckerguss bedeckt und mit gemahlenen Mandeln, gehackten Korinthen und einer unverschämten Zahl an Kalorien gefüllt. Sie waren wundervoll. Nach dem hektischen Morgen kühlten sie zusammen mit Mutter und der Küche am Samstagnachmittag ab und bereits am Sonntagabend waren sie nichts mehr als bloße Erinnerung, allerdings an etwas sehr Gutes.

Nach etwa einem Jahr gab Mutter diese köstliche Routine auf und zog sich mehr oder weniger dauerhaft in den vorderen Teil des Hauses zurück – vielleicht auch mit einem Blick auf die Badezimmerwaage. Doch bevor sie das Kochen aufgab, lernte ich viel von ihr übers Backen. Obwohl ich seit damals keine Kuchen mehr buk – jedenfalls keine Kuchen mit vielen Schichten, Füllungen, Glasuren –, bin ich sehr dankbar. Dankbar, dass ich weiß, wie man messen, sieben und abwarten muss und dass man sich nicht von Enttäuschungen entmutigen lassen darf.

Wie alle Künstlerinnen war Mutter einseitig. Sie kochte lediglich, was sie mochte. Sie wusste wenig über Fleisch, sodass ich das nach und nach selbst lernte. Sie hasste Bratensaucen und alle anderen Saucen außer der »weißen Sauce« (wahrscheinlich ein Überbleibsel von Großmutters Erziehung), weshalb ich dabei furchtbare Fehler beging. Und es gab immer ein Überraschungsmoment bei meinen Speisen, wenn nicht gar eine Gefahr; die Hindu-Eier hatten mich belehrt, meine Liebe für alles Ungewöhnliche und Scharfe aber nicht gezügelt.

Doch trotz allem war immer ich diejenige, die das Essen kochte, wenn die Köchin ihren freien Abend hatte. Kein Zweifel, ich wurde immer besser, und es war selbstverständlich, dass ich ohne zu zögern in die Küche gehen würde.

Sicher hätte Anne gern die Möglichkeit gehabt, die ungeteilte Aufmerksamkeit der Familie auf sich zu lenken. Aber sie hatte sie niemals. Der Ofen, die Töpfe, die Regale, das hatte ich für immer gelernt, das war ein unantastbares Königreich. Von da an herrschte ich, manchmal beherrschte ich auch. Ich fühlte mich mächtig und liebte dieses Gefühl.

Heute bin ich bescheidener, aber es ist ein schönes Gefühl zu wissen, dass ich mit meinem Verstand und meinen Händen meine Liebsten genährt habe, dass ich einen Eintopf oder eine Geschichte zusammengerührt habe, eine Rarität oder ein einfaches Gericht, um sie gegen den Hunger der Welt zu stärken.

## Sechster Gang
## Die erste Auster

Heute, da ich Miss Huntingdons Mädchenschule seit vielen Jahren verlassen habe, verstehe ich die Schulinterna besser. Doch auch mit sechzehn wusste ich schon, dass Mrs. Cheever einen schweren Stand hatte und sehr isoliert war.

Mrs. Cheever hatte ein eigenes Büro und somit mehr, als jede noch so eingebildete Lateinlehrerin je für sich in Anspruch nehmen konnte. Im gediegenen, in sepiafarbenes Leder eingebundenen Schulkatalog war sie als Teil der Schuladministration aufgeführt. Ich weiß nicht mehr, mit welcher Bezeichnung, außer dass dort ein zweideutiger Ausdruck verwendet wurde, der hochtrabend andeutete, dass sie die Haushälterin war, wobei dieses vulgäre Wort natürlich nicht verwendet wurde.

Sie war eine Hochschulabsolventin, auch wenn das Abschlusszeugnis von einer Hauswirtschaftsschule und nicht von Smith oder Mount Holyoke stammte. Vor allem aber war sie eine Dame.

Sie war beinahe eine Super-Dame, vor allem, weil es so offensichtlich war, dass die Schule, sowohl die Direktion als auch die Lehrerinnen, sie als Köchin betrachtete. Betrat sie nach dem Abendessen gelegentlich die Bibliothek, wo ich als Ehrenschülerin im zweiten Schuljahr dazu auserkoren war, jeden Mittwochabend den älteren Schülerinnen und den Lehrerinnen Mokkatässchen zu reichen, so konnte ich beobachten, dass sie von ihren üppigen Kolleginnen fast so beleidigt wurde wie die Krankenschwester der Schule, die auf der sozialen Leiter eine Stufe unter der Haushälterin rangierte, aber laut Schulordnung auch zum Kollegium gehörte.

Keine noch so böswillige, falsche und frustrierte Internatslehrerin auf Gottes Erden konnte jedoch die arme Krankenschwester derart brüskieren wie Mrs. Cheever. Ihr grobes, wenn auch vornehmes Gesicht unter der Queen-Mary-Frisur drückte mit erschreckender Klarheit ihre Verachtung gegenüber dem sanftmütigen Trottelchen aus, das Pillen und Pflaster verteilte. Die ganze Einsamkeit und die soziale Unsicherheit ihrer eigenen Position zeigten sich darin, wie Mrs. Cheever in der überfüllten Bibliothek stand, allein in ihrem Stolz, und sich genüsslich über die Krankenschwester lustig machte, die mit ungeschickter Hand die kleine Kaffeetasse zum Mund führte und dabei versuchte, wie eine Hochschulabsolventin auszusehen.

Die beiden Frauen sprachen mit niemandem. Aus dem einfachen Grund, weil niemand mit ihnen sprach. Vielleicht ein oder zwei Mal hatte sich die Krankenschwester früher mit einer Kleinigkeit an die Haushälterin gewandt, aber Mrs. Cheever hätte sich eher die Zunge abgebissen, als sie gegenüber einer schwesterlichen Außenseiterin zu lösen.

Als eine neue Turnlehrerin kam, sah es beinahe so aus, als hätte sie eine Freundin gefunden. Meistens waren sportliche Menschen nicht perfekt, das heißt, sie hatten selten Hochschulabschlüsse, auch wenn sie hin und wieder tatsächlich sehr gebildet wirkten. Und Mrs. Cheever war sich sicher, dass die neue Kollegin die wichtigtuerischen Schuldamen mit ihren Starallüren genauso verachtete wie sie.

Doch nach der ersten Woche, in der die kleine Turnlehrerin scheu neben der Haushälterin ihren Kaffee trank oder in ihrem Zimmer rosafarbene Weintrauben und kleine, mit Zuckerguss bedeckte Kuchen mümmelte, die Mrs. Cheever ihr hatte zukommen lassen, entdeckten die anderen Frauen, dass sie nicht nur von Barnard kam – *summa cum laude, parbleu!* –, sondern auch, dass sie eine etwas gebrochene Stimme hatte, beinahe wie die eines Jungen, die perfekt zu ihrem kurzen und knabenhaften Haarschnitt passte. Am Ende der zweiten Woche schrieben ihr drei der Lehrerinnen leidenschaftliche Briefe und Mrs. Cheever war bei ihren gelegentlichen Besuchen in der Bibliothek wieder allein.

Vielleicht war es die Einsamkeit, die ihr das Essen verdarb, denn es war offensichtlich, dass Mrs. Cheever an Magenverstimmung litt. Der Rest von uns jedoch – Miss Huntingdon, unnahbar wie eine Heilige, Miss Blake, ihr treu ergebener Schatten mit Perücke, die anderen Frauen der Schule, ob sie nun dick, dünn, hysterisch oder ruhig waren, die Filipino-Angestellten, hübsche kleine Püppchen, so lebhaft und unzüchtig wie Affen, und all die Mädchen, die sich als Opfer fühlten, tatsächlich aber die *raison d'être* dieser seltsamen Gemeinde innerhalb der hohen Mauern waren –, wir alle wurden viermal am Tag von Mrs. Cheever mit dem wohl besten Kantinenessen Amerikas verpflegt.

Sie betrieb ihre Küche mit solchem Geschick, dass

trotz gewöhnlicher Probleme wie überfluteter Keller und gelegentlicher außergewöhnlicher Ereignisse wie der an einem Karfreitag vom Schulsprecher begangene Doppelmord und Harakiri, unsere Mahlzeiten nie verspätet oder ungenießbar auf den Tisch kamen.

Die Schule hatte etwa siebzig Internatsschülerinnen und fünfundzwanzig Frauen und zur Frühstückspause zusätzlich eine Meute Tagesschülerinnen. Die meisten von uns aßen mit dem Appetit und der Dankbarkeit halb verhungerter Tiere. Für Mrs. Cheever muss es schrecklich gewesen sein, mit anzusehen, wie ihre sorgfältig ausgewählten und gekochten Gerichte von uns buchstäblich verschlungen wurden. Trotz der großen Mengen, die – wie einige Gastronomen sagen – unmöglich mit Finesse gekocht werden können, war das Essen schmackhaft und abwechslungsreich.

Zum Beispiel kam Mrs. Cheever an einen sehr seltenen Kiefernhonig heran, Honig, den nur wenige Menschen auf der Welt gekostet haben. Ich erinnere mich mit einiger Begeisterung an eine körnige, grünliche Masse, die ich auch in den Berner Alpen in der Nähe von Adelboden gegessen habe, aber damals war es für die meisten von uns einfach eine Süßigkeit, zu schade, um sie auf heiße Waffeln zu streichen. Orangenmarmelade aus der Dose hätte es auch getan.

Zu Thanksgiving wies Mrs. Cheever die Filipinos an, die Frühstückstische mit Dutzenden hübscher kleiner Tiere zu schmücken, die sie aus Gemüse, Früchten und Nüssen gemacht hatten. Wir durften so laut sein, wie wir wollten, und sonst verbotene Dinge essen wie gegrillte Würstchen. Und sogar Mrs. Cheever neigte, wenn sie angesprochen wurde, ihren Kopf mit dem majestätischen Haarknoten weniger verächtlich als sonst.

Samstagmittags gab es auf dem Hockeyfeld Sandwiches und Kakao oder rosafarbenen Punsch. Oder wir bekamen Eiscreme aus der Stadt, wenn wir Mrs. Cheever zwischen acht und neun morgens Bescheid gaben. Manchmal holte ich mir die Eiscreme, ohne Bescheid zu sagen. Oder ein anderes Mädchen ging, um für mich zu bestellen, weil ich es schlicht und ergreifend hasste, in das kleine Büro zu gehen und von der Haushälterin angestarrt zu werden. Sie gab mir das Gefühl, vollkommen unattraktiv zu sein, was mit sechzehn noch schlimmer ist als in späteren Jahren.

Sie saß kerzengerade an ihrem Schreibtisch und wartete auf die Bestellungen. Dabei trug sie einen derart abweisenden Ekel zur Schau, dass ich dem Gerede kaum glauben konnte, demzufolge sie wöchentlich ein gutes Geschäft mache, indem sie uns beinahe das Doppelte des Preises abnahm, welchen die Drogerie für ihre Eiscremes und süßen Saucen verlangte.

Wenn wir unsere Bestellungen murmelten, machte sie auf einem Blatt Papier genaueste Notizen und manchmal erklärte sie mit ihrer flachen Stimme, dass zu Schokoladeneis mit Karamellsauce gesalzene Pekannüsse wohl besser passten als Erdbeersirup. Ihr gequälter Ausdruck änderte sich nie, auch dann nicht, wenn sie uns mit gestrengem Blick auf einen dicken Hintern oder ein pickeliges Kinn daran erinnerte, dass wir uns auf ein einziges Stück beschränken sollten.

An Festtagen wie Ostern oder Old Girls Day lief sie zur Hochform auf. Heute ahne ich, wie viele Stunden sie damit verbracht haben muss, die Festivitäten zu organisieren. Damals wusste ich nur, dass die Feste an Miss Huntingdon's Schule für Mädchen wirklich Spaß machten, vor allem, weil das Essen so gut war. Mrs. Cheever, die bis auf ein paar Minuten am Samstagmorgen von den Mädchen herzlos ignoriert wurde und über die sich ihre widerwilligen Kolleginnen mit Hochschulabschlüssen lustig machten, verwandelte sogar die seltensten Tiere in wahre gastronomische Höhepunkte.

Am Old Girls Day verbrachten alle Schülerinnen, außer denen, die sich um die ehemaligen Schülerinnen kümmern mussten, einen langen warmen Junitag im Sand und auf den Klippen. Wir durften unsere Turnpluderhosen tragen, *ohne Strümpfe*, und wir fotografierten uns gegenseitig mit unseren Kameras. Das Beste von allem war, dass zu Mittag um halb eins die Hausboys die Klippen herunterkamen und uns in großen Körben unser Mittagessen brachten.

Für alles war gesorgt: Servietten, Messer, Sandwiches, Obst. Vielleicht ließ Mrs. Cheever sogar Russische Eier zum Strand hinunterbringen.

Von den gebratenen Hähnchen, die verlockend scharf waren, durften wir so viel nehmen, wie wir wollten, sogar drei oder vier halbe. Und wir aßen mit den Fingern, unter viel Geschrei und Gegacker. Es war großartig.

Sicher waren Aufsichtspersonen dabei, aber in der Wärme und der Ausgelassenheit schienen sie nicht zu existieren, und wenn einen Moment lang eine stattliche

Person im Nachmittagsgewand der Old Girls am Rand der Klippen stand und mit einem säuerlichen, kalten Lächeln auf uns herabsah, winkten wir mit unseren fettigen Hähnchenschenkeln ausgelassen hoch und riefen:

*Miss-es Chee-ver*
*Miss-es Chee-ver*
*Miss-es Chee-ver*
*Rah-ah-ah-ah,*

fast wie bei einem Basketballspiel zwischen den Goldenen und den Lilafarbenen. Für einen Augenblick, aber mindestens einmal im Jahr, waren wir ihr für ihre Köstlichkeiten dankbar.

Mrs. Cheever tat ihr Bestes. Sie fütterte uns mit frischerem Gemüse und Obst aus dem Garten und mit frischerer Sahne und Milch, als die meisten von uns je wieder genossen haben.

Einmal, zur Weihnachtsfeier, servierte sie Austern, frische Austern, Austern, die noch in ihrer Schale waren.

Nichts hätte in den Zwanzigerjahren im tropischen Klima Südkaliforniens exotischer sein können. Schalentiere, die noch lebend aus dem Osten importiert wurden, kamen nur im Traum vor, bei Ölmagnaten, oder wurden ein- oder zweimal im Jahr bei *Victor Hugo* serviert oder wenigstens bei netten Leuten.

Und die Leute auf der Weihnachtsfeier waren tatsächlich nett. Wir trugen unsere Festtagskleidung: der Saum unserer Röcke nicht weniger als zwanzig und nicht mehr als vierzig Zentimeter vom Boden, helle Kleider, aber keine grellen Farben, nur leicht durchlässig oder blickdicht, die Ausschnitte nicht tiefer als acht Zentimeter unterhalb des Schlüsselbeins und lange Ärmel oder zumindest Dreiviertelärmel. Wir alle entsprachen den Anstandsregeln, allerdings mit kostbaren Accessoires wie zum Beispiel langen Chiffonschals, die wir um den Hals schlangen, oder großen künstlichen Blumen, die man sonst nur im Urlaub trug und die nun an unseren linken Schultern befestigt waren. Ein oder zwei der Schülerinnen hatten lässig Fuchspelze umgelegt und die bauschigen Schwänze baumelten höchst modisch auf ihren fest abgeflachten Brüsten.

Vielleicht würden angesichts der sich nähernden Weihnachtsferien die Zügel gelockert und sogar zartes Make-up erlaubt, jedenfalls hofften wir es inständig.

Mrs. Cheever hatte sich selbst übertroffen. Der Speisesaal war an diesen Abend nur durch Kerzen beleuchtet, und die alte Scheune hatte noch nie so bezaubernd ausgesehen. Die länglichen Tische, sonst in Reihen wie Dominosteine in der Kiste, waren zu einem großen Hufeisen zusammengeschoben, mit einem kleinen Tisch in der Mitte für Miss Huntingdon, Miss Blake, den Pfarrer und den Verwaltungspräsidenten und einem glitzernden Weihnachtsbaum und … ja! … Platz zum Tanzen! Und der Geruch von Tannenzweigen und heißem Wachs! Platzkärtchen sorgten dafür, dass sich die Schülerinnen mit anderen mischten.

Im flackernden Kerzenlicht marschierten wir einmal durch den schönen Saal und sangen *God Rest You Merry, Gentlemen* oder etwas Ähnliches, geleitet vom Gekratze des Hilfsviolinlehrers und zweier anderer Musiker, die trotz ihrer Hosen keine unziemlichen Sehnsüchte in unseren klösterlichen Herzen weckten.

Dann standen wir vor den mit unseren Namen gekennzeichneten Stühlen und warteten darauf, dass die Musik aufhörte und Miss Huntingdon und der Pfarrer mit ihren flötenden Stimmen die Segenswünsche sprechen würden.

Weihnachtsfreude erfüllte mich, als ich bemerkte, dass ich zwischen einer Schülerin im vierten und einer im dritten Schuljahr sitzen sollte und nicht zwischen Schülerinnen meines Jahrgangs. Das musste bedeuten, dass ich jemand war, dass ich im nächsten Schuljahr möglicherweise sogar für den Altardienst ausgewählt werden würde.

Ich war schlau genug, nicht als Erste zu sprechen, aber ich konnte nicht anders, als seitwärts auf die riesige hochmütige Nase von Olmsted zu schielen, die zu meiner Linken saß. Sie war die Sprecherin der Schülerinnen im vierten Jahr und bewegte sich in der Schule in träumerischer Weise, die mir engelhaft schien. Inez, eine Schülerin im dritten Jahr, war weniger beeindruckend, hatte aber einige Pferde in Santa Barbara und beherrschte verschiedene Flüche. Ich kannte lediglich das Wort *verdammt* und ein oder zwei andere Ausdrücke. Normalerweise machte sie sich nichts aus mir, aber heute Abend lächelte sie und das Kerzenlicht ließ ihre Knopfaugen sogar freundlich erscheinen.

Wegen der feierlichen Stimmung zogen wir unsere Stühle nach dem Tischgebet leiser als sonst heran. Das Orchester spielte einen Marsch, die Küchentüren öffneten sich, und herein tänzelten mit ernsten Gesichtern und vor Aufregung flackernden Augen die flinken kleinen Hausboys und stellten vor jede von uns einen

Teller. Wir alle sahen irritiert auf das, was darauf war, und warteten mit gemischten Gefühlen, bis Miss Huntingdon ihre Austerngabel in die Hand nahm. (Woher, frage ich mich heute, nahm Mrs. Cheever in einem kalifornischen Internat überhaupt fünfhundert Austerngabeln?) Ich hörte Inez fluchen, noch mehr Worte, die ich nicht kannte, und dann sagte Olmsted beiläufig: »Wie wunderbar! *Blue Point Austern!*«

Eine gewisse Unruhe breitete sich aus. Wir verhielten uns vorbildlich, aber ich weiß, dass ich nicht die Einzige war, die Angst davor hatte, ihre erste rohe Auster zu essen.

Ich erinnerte mich daran, dass Mutter gesagt hatte, Austern seien geschmacklos und auch äußerst unangenehm und dass man sie daher ohne nachzudenken und so schnell wie möglich hinunterschlucken solle, denn der Nachgeschmack sei durchaus angenehm. Natürlich sei es etwas anderes mit Konservenaustern in Truthahnsauce: Die könne man ruhig essen, auch aus hygienischen Gründen. Aber roh müssten sie geschluckt werden, im Ganzen und rasch. Und lebendig.

Ich wusste, dass mir schlecht werden würde, wenn ich auch nur irgendetwas Lebendiges schlucken müsste, besonders aber, wenn es eine lebendige Auster wäre.

Geschickt nahm Olmsted eine Auster auf die Zacken ihrer kleinen Gabel, führte sie unter ihre riesige Nase und schluckte. »Lecker«, murmelte sie.

»Oh, mein Gott«, sagte Inez sanft. »Hier geht sie nun dahin, die Würde der alten Schule. Uah!« Sie schluckte geräuschvoll und schien angenehm überrascht. »Versuch mal eine, Kleine«, flüsterte sie mir ins Ohr, »rutscht und geht leicht.« Sie gackerte plötzlich, während sie mich mit durchtriebenen Augen beobachtete.

»Ja, probier's mal«, sagte Olmsted.

Ich lächelte, dachte nach und sagte: »Oh, ich liebe *Blue Point Austern!*«, und beförderte erstaunlich geschickt eine in meinen Mund.

In diesem Augenblick begann das Orchester zu spielen, einen bekannten Titel, der glaube ich *Horses* hieß. In Miss Huntingdons Speisesaal klang er komisch. Olmsted lachte und sagte zu mir: »Komm schon, Kennedy. Lass uns den Ball ins Rollen bringen, ja?«

Dass sie, das schönste, intelligenteste und das am meisten verehrte Mädchen der ganzen Schule, mich zum Tanzen aufforderte, obgleich sie sehr wohl wusste, dass ich nur eine Schülerin im zweiten Jahr war, überwältigte mich so sehr, dass es unwichtig schien, dass sie mich Kennedy und nicht Mary Frances genannt hatte.

Die Auster war noch immer in meinem Mund. Ich lächelte schüchtern und stand auf, benommen vom Gedanken daran, dass ich den ersten Tanz mit der Sprecherin der älteren Schülerinnen tanzen würde.

Die Auster schien größer zu werden. Ich wusste, dass ich sie runterschlucken musste, wusste aber auch, dass ich es nicht konnte. Als dann Olmsted ihre dünnen Hände auf meine Schulterblätter legte, schluckte ich einmal und war erleichtert und stolz. Wir tanzten steif unsere Runden, und sobald die anderen Paare schüchterner Mädchen auf dem frei gemachten Raum vor dem Baum tanzten, steuerten wir auf den Tisch von Miss Huntingdon zu.

Miss Huntingdon rief mir etwas zu, und Miss Blake

lachte so heftig, dass ihre schwarze Perücke wackelte. Sie knackte mit den Gelenken, was sie immer tat, wenn sie Spaß hatte. Der Schulverwalter und Olmsted machten Witze über die stillen Schülerinnen im zweiten und die ernsten Schülerinnen im vierten Jahr. Ich gab keinen einzigen Laut von mir, und niemand schien sich darüber zu wundern. Ich war stumm vor Freude über meine eigene Bedeutung – ich war quasi die Belle des Balls! – mit einem erwachenden kulinarischen Hunger. Austern, sagten mir meine Geschmacksnerven, Austern sind *einfach fabelhaft!* Mehr, mehr!

Ich schwebte, zumindest im übertragenen Sinne, in Olmsteds Armen. Der Tanz endete, und die Mädchen quietschten vor Freude und gingen so aufgescheucht zu ihren Plätzen zurück, als kehrten sie aus den Armen eines leidenschaftlichen und schneidigen West Point-Kadetten mit weißen Handschuhen und in weißem Jackett zurück.

Die Teller waren ausgetauscht worden. Ich war niedergeschlagen, bestürzt, wie es nur Kinder sein können.

»Du bist komisch, Kennedy«, rief Olmsted aus, als ich ihr gestand, wie wundervoll es gewesen sei, mit ihr zu tanzen, und Inez flüsterte mir zu: »Tanzt du mit mir als Nächste, ja, Kleine? Tanzen kann ich mit dir besser als dieses Biest Olmsted.«

Ich nickte freundlich, lächelte sie verkrampft an und dachte, dass sie schrecklich war. Vielleicht würde ich sie eines Tages umbringen. Mir wurde schlecht.

Ich rückte meinen Stuhl nach hinten.

»Hey, Kleine!« Die Musik begann mit einem Knall, und bestimmt legte Inez ihre Arme um mich und führte mich mit geübter Anmut immer wieder um den Weihnachtsbaum herum, während all die Kerzen im Takt meines Magens flackerten.

»Warum sagst du nichts?«, fragte sie. »Du hast so süße Öhrchen … wie mein Pony. Gefällt es dir, wie ich mit dir tanze?«

Ihr Arm drückte sich gegen meinen Rücken. Sie schwärmt für mich, dachte ich. Ich fühlte mich irgendwie geschmeichelt, und doch hasste ich sie. Meinem Magen ging es besser.

Wieder beobachtete mich Miss Huntingdon, während sie ihr Wasserglas in ihren dünnen weißen Fingern hielt, als ob es Wein enthielte oder die Heilige Kommunion. Sie beugte sich zu Miss Blake und sagte etwas zu ihr. Vielleicht sprachen sie über mich, sagten, dass ich nett sei und zuverlässig und in zwei Jahren eine gute Schülersprecherin sein würde oder dass ich die süßesten Ohren hätte …

»Entspann dich, Mädel«, murmelte Inez. »Tu einfach so, als ob …«

Plötzlich öffnete sich die Küchentür und traf fast meinen Ellenbogen. Hinein! und bevor ich mich besann, war ich aus Inez' erfahrenen Armen entflohen. Ich war ihr entkommen; und der herrliche Austerngeschmack in meinem Mund, meine gerade geborene Genussfähigkeit, entließ mich in eine unbewusste Sinnlichkeit.

Die schwere Tür sperrte beinahe alle Geräusche des lauten Speisesaals aus. Die Nüchternheit der Speisekammer war schrecklich und Mrs. Cheever ebenso. In ihrem schönen grauen Abendkleid, mit ihren Perlen und ihrem schneeweißen gelockten Haar sah sie aus wie eine Königin, und ihr Gesicht war vom Weinen ganz und gar aufgelöst.

Wie farbloses Blut rannen Tränen aus ihren Augen, die immer so steinhart gewesen waren und mich jetzt ansahen, ohne mich überhaupt zu sehen. Ihr verbitterter Mund war plötzlich weich und zart, und sie schluchzte hemmungslos.

Einen Arm hatte sie sanft um die Schultern der dicken alten Krankenschwester gelegt, die als Nikolaus verkleidet war. Da ihr Körper so üppig war, wie es seiner zu sein hatte, stand ihr das Kostüm gut. Auch ihr etwas dümmliches Gesicht, rotwangig und süß, glich in etwa dem seinen, weder männlich noch weiblich. Sie hatte die weiße Perücke auf ihren Kopf gesetzt, der das saubere Krankenschwesternhäubchen kaum zu vermissen schien, und auf dem Serviertisch neben ihr lag der weiche Bart, den sie nur noch umbinden musste, um dann die Geschenke, die unter dem Weihnachtsbaum lagen, an uns alle zu verteilen.

Ich stand da wie ein gelähmtes Kaninchen und starrte die kostümierte Krankenschwester und Mrs. Cheever an, die so schrecklich weinte.

Zum ersten Mal fühlte ich mich in ihrer Gegenwart nicht unattraktiv, sondern völlig überflüssig. Sie streckte eine Hand aus, und für einen Moment dachte ich, dass sie mich vielleicht küssen würde. Ihr Gesicht war so zart.

Ich ging rückwärts zur Tür zurück. Vor Schreck und aus Angst vor jugendlicher Verwirrung war mir heiß wie Feuer, und ich sagte atemlos: »Oh, entschuldigen

Sie bitte, Mrs. Cheever! Aber ich … also, alle Schülerinnen im zweiten Jahr … im Namen der Klasse I der Schülerinnen im zweiten Jahr wollte ich Ihnen für diese wundervolle, diese *einfach wunderbare Feier* danken! Austern … und … und alles … Es ist alles so schön!«

Aber Mrs. Cheever hörte mich nicht. Sie stand noch immer ungerührt, mit einer Hand auf der breiten Schulter der Krankenschwester und mit der anderen legte sie die Austern, die von der Weihnachtsfeier übrig geblieben waren, auf eine Platte. Ihre Augen waren verschmiert, sodass sie nicht länger hart und hasserfüllt aussahen. Und während sie die Krankenschwester dabei beobachtete, wie diese genüsslich das Fleisch der Weichtiere schlürfte, sah sie so zart aus, dass ich mich lieber wieder den kleinen Leidenschaften im Speisesaal zuwandte.

Die Tür der Speisekammer schloss sich hinter mir. Das Orchester jagte durch *Geschichten aus dem Wiener Wald.* Eine Schar kleiner Filipinos glitt wendig durch das Kerzenlicht, mit Tabletts voller Preiselbeersauce, gesalzenen Nüssen und weißem Sellerie, die sie über ihren Köpfen balancierten, und ich konnte an ihren Gesichtern erkennen, dass das, was immer sie auch in der Küche gesehen haben mochten, bereits vergessen war, vielleicht für immer.

## Siebter Gang
### Achthundert Tage und Nächte Kauen und Schlucken

Der kleine Junge liebt und hasst das Essen mit einer Heftigkeit, die mit der Zeit abflaut. Mit sechs Jahren dreht sich ihm der Magen um, sobald Gerichte wie Sahnekarotten oder Tapioka vor ihm auftauchen. Seine Kehle schnürt sich zu, und Anzeichen von Übelkeit und Zorn steigen in ihm auf. Dann aber denkt er an Gerichte, die sehr gut schmecken, und er schmeckt sie mit einer sinnlichen Leidenschaft, die über die Jahre nur allzu oft völlig verschwindet.

Vielleicht gibt es Schokoladenkekse, zwei Stück auf einmal. Er isst sie alle beide mit großer Begierde. Seine kleine Schwester Judy steckt einen Keks in ihre Tasche, das eingebildete Ding. Tante Gwen beißt ein Stück von ihren beiden Keksen ab und gibt Judy und ihm den Rest. Mit großem Erstaunen sieht er sie an. Wie kann sie das tun? Er könnte es nicht, könnte nicht mehr als einen Krümel von seinem Keks abgeben. Vielleicht wäre sogar schon ein Krümel zu viel. Tante Gwen ist wunderbar und übermenschlich. Wie macht sie das nur?

Im Alter von zehn oder zwölf Jahren ist seine frühere Leidenschaft verflogen. Er hat Hunger und will satt werden. So ist das.

Ein paar Jahre noch und er ist auf dem Gipfel seiner Lebensenergie. Sein Körper ist mit jungen Muskeln bepackt, jungem Blut versorgt, einer neu entdeckten Männlichkeit aufgeladen, einem erwachenden Verstand ausgestattet. Kaum verwunderlich, dass er sich gerade jetzt zu größerem Lebenstempo hochpeitscht.

Er trinkt harte Spirituosen und unzählige Tassen Kaffee, heiß und schwarz. Er verschlingt leichte Aphrodisiaka wie Chili oder blutiges Rindfleisch. Über alles außer Süßspeisen streut er Salz und Pfeffer. In diesem Alter, mit achtzehn oder neunzehn, ist das kulinarische Gespür nicht vorhanden, höchstens auf einer niedrigen Stufe.

Meine erste Annäherung an *la gourmandise* während meines ersten Jahres am College war ein Mitternachtsbesuch bei *Henry's*, dem alten *Henry's* auf dem Hollywood Boulevard, von dem die ganze Welt behauptete, dass es insgeheim Charlie Chaplin gehörte.

Dort rief ich immer nach dem Oberkellner, was meinen Begleiter, wie ich es gehofft hatte, einschüchterte. Der Kellner, der – abgesehen von den Samstagabenden – ein netter Kerl war, spielte wunderbar mit. Wir bestellten eine große Tasse Kaffee und einen deutschen Pfannkuchen mit heißer Apfelsauce und süßer Butter. »Gesalzene Butter ruiniert den Geschmack«, fügte ich für meinen Tommy oder Jimmy nonchalant hinzu.

Was uns nach langer Wartezeit eindrucksvoll als Pfannkuchen serviert wurde, passte gerade noch auf den Tisch. Alle starrten zu uns herüber, während die zwei Kellnerinnen vor unseren Augen erst die zerlassene Butter, dann das Apfelmus auftrugen und danach alles mit Zitronensaft beträufelten und mit Zimt bestreuten. Beim Zusammenrollen des Ungetüms musste ich immer weggucken, weil die Mädchen sich so genüsslich die Lippen leckten. Heute frage ich mich, wie ich das, was dann in kleine Stücke geschnitten vor mir auf dem Teller lag, jemals aufessen konnte. Auch kann ich mir nicht mehr vorstellen, heutzutage noch einmal so etwas zu bestellen.

Trotz des zweifellos vorhandenen Showeffekts zeigt dieses Herumexperimentieren mit Essen, wohin man sich entwickeln wird, das heißt, für welche der beiden oft zitierten Möglichkeiten man sich entscheidet: ob man isst, um zu leben, oder ob man lebt, um zu essen.

Um sich zu ernähren, muss jeder normale Mensch seinem Körper Nahrungsmittel zuführen. Dazu braucht es Zeit – ganz abgesehen von der Zeit, die für die Essenszubereitung und die anschließenden Verdauungsvorgänge benötigt wird.

Zwischen seinem zwanzigsten und fünfzigsten Lebensjahr verbringt der normale Mensch etwa zwanzigtausend Stunden mit Kauen und Schlucken – das sind mehr als achthundert Tage und Nächte. Das muss man sich einmal vorstellen!

Manche Leute finden das so empörend, dass sie sich die für ihren Körper notwendigen Nährstoffe durch Pillen und Säfte zuführen, die angeblich dem Nährwert eines Steaks oder eines Gemüseeintopfs entsprechen. Andere betrachten die Erkenntnis, wie erstaunlich viel Zeit sie beim Essen verbringen, eher philosophisch im Sinne von La Rochefoucauld, der meinte, Essen sei eine Notwendigkeit, aber intelligent zu essen sei eine Kunst.

Kritiker der sich aus dieser Überzeugung ableitenden Zweiteilung der Welt neigen gern dazu, ihre Anhänger nicht als »intelligent« zu charakterisieren, sondern ihnen ein etwas weniger nettes Adjektiv zuzuschreiben – was tatsächlich oft berechtigt ist, geben wir uns doch nur allzu leicht einer dummen, verfressenen Sinnlichkeit hin und lassen es zu, dass unser Körpergewicht schneller wächst als unser Verstand. Wir schärfen und verfeinern einen unserer Sinne auf Kosten der anderen, bezeichnen uns als Genießer und vergessen dabei, dass Epikur denselben Begriff wie La Rochefoucauld benutzte, als er zu einem »intelligenten Genuss der Tafelfreuden« riet.

Doch welcher Ethik ein Mensch auch zuneigt, der protestantischen oder der epikureischen, in mittleren Jahren isst er mit wachsendem Interesse, denn er nimmt seinen Körper umso bewusster wahr, je weniger widerstandsfähig dieser ist.

Er kann sich jetzt nicht mehr mit den früher favorisierten scharfen Saucen oder schwer verdaulichen Torten zu jeder Tages- und Nachtzeit den Magen vollschlagen – nicht mehr, das heißt, nicht ohne dafür büßen zu müssen. Er kann nicht mehr von sich behaupten: »Ich esse alles, ich trinke alles, ich vertrage alles. Mich wirft nichts um.«

Ein seltsames Ziehen und Stechen lässt ihn aufmerken, und er schaudert bei dem Gedanken, dass er im Alter gezwungen sein könnte, wieder zu den Pürees und anderen Umständen seiner Kinderjahre zurückzukehren. Dummerweise versuchen die meisten von uns dieses Ziehen und Stechen geheim zu halten, weil sie als Schande empfinden, was eine ganz normale Begleiterscheinung des Älterwerdens ist, dass nämlich physische Prozesse einfach langsamer vor sich gehen. Jahrelang verstecken oder ignorieren wir die Protestzeichen unseres Körpers und beschleunigen unser dyspeptisches Verhängnis, indem wir essen und trinken, als ob wir zwanzig wären. Und mit fünfzig setzen wir dann allmählich Fett an. Jetzt sollten auch den Blindesten die Augen aufgehen. Nur sind wir leider so sehr daran gewöhnt, Menschen jenseits der Fünfzig dick werden zu sehen, dass uns Bauch und Doppelkinn schon wie eine normale Begleiterscheinung des Alters vorkommen.

Wir sollten die Zeichen eines überfüllten Körpers ernst nehmen und ihn in seinen letzten Jahren entlasten, indem wir spärlich essen.

Die Kochkunst kann hier eine äußerst tröstende Rolle einnehmen. Der Wunsch nach einem ganz bestimmten Geschmackserlebnis hat schon so manchem alten Mann eher geholfen, als es seine mäkelige Familie vermochte. Vielleicht bezeichnen sie ihn als herzlos, aber er verhält sich so wie der alte Seefahrer, dessen Sohn auf hoher See verschollen war. Als schließlich jemand den Mut aufbrachte, dem Vater die traurige Nachricht zu überbringen, sah dieser ihn eiskalt an, blickte flüchtig durch das Fenster auf die stürmische See und bellte dann: »Verdammt, wo ist mein Tee? Ich will meinen Tee!«

Für viele alte Leute ist Essen das einzige Vergnügen, das übrig geblieben ist, ähnlich wie die »endlosen Mahlzeiten« und der »ewige Becher voll Wein« des alten Odysseus. Und wenn wir die Wahl hätten, entweder eine ununterscheidbare Masse von mächtigem Fleisch und Brot zu verschlingen oder eine zart gebratene Forelle zu genießen oder eine Sülze mit dem feinen Geschmack erlesener Gemüse – wie wenige unter uns würden die qualvolle Schlaflosigkeit, die der ersteren folgt, der leichten Ruhe der letzteren vorziehen?

Aber Menschen sind gedankenlos und Gewohnheitstiere. Jahrelang haben sie Fleisch und Stärke gegessen. Sie sehen keinen Grund, damit aufzuhören, wenn sie alt sind, selbst wenn sie wissen, dass ihr Körper langsamer funktioniert und mehr Aufwand benötigt als früher. Sie peitschen ihr Blut mit schweren Braten hoch, die dann schleppend durch ihren Körper wandern und zu guter Letzt zum endgültigen Verschluss des Dickdarms führen. Der größte Feind des Alters ist die Verstopfung.

Mit ›anregenden‹ Infusionen von Rindfleischextrakt und Eisen, die ihnen ihre Töchter einflößen, die es doch nur gut mit ihnen meinen, werden sie in die Särge getrieben. Jahrelang vergrößern sie mit ›nahrhaften‹ Desserts die Bäuche, die dann traurig herabhängen, wie zum Beispiel mit einer typisch englischen Süßigkeit, die mir eine Freundin beschrieb: »… ein in schlechtem Portwein getränkter Kuchen, der zunächst mit einer durch Brombeersaft lila-braun verfärbten Vanillesauce übergossen wird, auf die man geschlagenes und rosa gefärbtes Eiweiß gibt; das Ganze verziert mit schmutzig-braunen granitharten Talern, die uns von hartgesottenen Bretonen als Makronen angedreht werden. Diesen besonders schrecklichen Fraß nennt man dann ›Königin der Puddings‹!«

Kein Wunder, dass alte Leute von ihren weniger idealistischen Erben manchmal als »wunderlich nörgelnd und unwirsch« beschrieben werden und es »einfach die Hölle ist, wenn man mit ihnen zusammenlebt«.

Aber wir alle werden älter, und wir alle müssen essen. Wenn wir diese beiden Tatsachen erst einmal akzeptiert haben, müssen wir unseren Gaumen derart erziehen, dass das Älterwerden nicht grummelnd und das Essen mühelos und deshalb mit Freude geschieht.

Talleyrand sagt, dass im Leben zwei Dinge entscheidend sind: gute Dinner zu geben und Frauen gut zu behandeln. Wenn die Jahre ins Land gehen und die Leidenschaften abkühlen, spielt es mitunter keine so große Rolle mehr, ob man Frauen oder auch seinen Freunden gegenüber gerecht ist, aber um die Herzen zu wärmen, ist die Wertschätzung der feinen Aromen unverzichtbar.

## Achter Gang
### Den Abend in Muße totschlagen

»Wann sollen wir leben, wenn nicht jetzt?«, fragt Seneca an einem für ihn und seine Freunde gedeckten Tisch. Eine Frage, die fast zu einfach zu beantworten ist. Wann also? Wir leben, und zwar jetzt. Wann sonst sollen wir leben, und was gibt es Angenehmeres, als sein Abendessen mit angenehmen Gefährten einzunehmen?

Ähnlich klingt es bei Landor, der entschied: »Ich esse spät im gut beleuchteten Esszimmer und mit wenigen ausgewählten Gästen.«

Auch ich esse mit Vorliebe spät und mag es, wenn mein Zimmer dabei hell und schön ist. Vor allem schätze ich eine kleine Anzahl handverlesener Gäste.

Es stimmt, dass man früher in allen Kulturen die Hauptmahlzeiten zu Mittag einnahm. Wenn man zur Mittagszeit tafelt, hat man viele Stunden Zeit, um zu verdauen, sich zu unterhalten, zu entspannen und »nachzufüllen«. Die alten Griechen und Römer wie auch die modernen Bauern waren froh, wenn sie den Tag mit einem festlichen Mittagsmahl an reich gedeckten Hochzeits- oder Geburtstagstafeln, weit weg von den Feldern, verbringen konnten.

Erst seitdem die Menschen ihre Weiden und ihre Weinberge gegen die verpestete Stadtluft eingetauscht haben, seitdem sie die Tage mithilfe von falschem Licht verlängern, sei es mit brennendem Wachs oder mit Elektrizität, und in künstlicher Dunkelheit dem Müßiggang frönen, wenn die Sonne am höchsten steht – erst seitdem sie sich weit von der Einfachheit entfernt haben, sind sie von den Feiern am helllichten Tage abgekommen.

Wie im Alten Rom essen wir auch heute zu später Stunde. Dies ist eine vergleichsweise junge Entwicklung. Anfang des 18. Jahrhunderts dichtete Alexander Pope noch verächtliche Verse auf die liederlichen Londoner, die das Bankett nach drei Uhr veranstalten. Wir gewöhnen uns schnell an die uns umgebenden schlechten Sitten. Im beginnenden 19. Jahrhundert aß man noch um sechs Uhr. Wenn man heute eine Mahlzeit zu sich nimmt, ohne dass die Sonne nicht bereits lange untergegangen ist, halten das die meisten Leute für Verschwendung. Dabei ist nichts langweiliger als ein frühes Abendessen! Es hält die Geschwindigkeit des Tages an wie ein Stock in den Speichen eines sich drehenden Rades und zwingt zur Pause, zum Innehalten.

Wenn die Tage kürzer sind, so scheint ein frühes Abendessen diese in zwei Hälften zu teilen, indem es die zweite Hälfte leblos an den kaum realisierten Anfang hängt. Und wenn die Tage lang sind, dann werden sie durch die monotone Unterbrechung mit gekochtem Essen nur doppelt langweilig.

Ein frühes Abendessen – ein langer Abend. Ein langer Abend – was könnte man damit anfangen? Ein einigermaßen interessantes Theaterstück, einen erträglichen Film, ein Bridgespiel – sicher wird man *irgendwie* ein paar Stunden totschlagen. Aber einen ganzen Abend totzuschlagen ist kriminell wie jedes Leiden und wie Leiden ein Verbrechen. Wenn die Zeit zwangsläufig vergeht, so wie auch die Menschen sterben müssen, dann sollte sie mit gutem Essen und guten Gesprächen ausgefüllt und mit dem Parfüm der Geselligkeit einbalsamiert werden. Lasst uns den Abend in Muße totschlagen, mit angenehmen Unterhaltungen und mit einem einfachen wie auch aufwendigen Essen, in einem Raum mit weichem Licht, das vom lebendigen Feuer aus Wachs, Öl oder Holz oder vom Licht einer kunstvoll verschleierten Glühbirne stammt.

Lasst die »Totenkammer« luftig sein, frei von schweren Gerüchen und den benebelnden wahnsinnigen Rottönen. Im Winter sollte sie durch ein Feuer gewärmt, im Sommer durch einen Luftzug kühl gehalten werden; im Sommer sollten die weichen bequemen Teppiche weggenommen werden, damit sich der Schatten der Stuhlbeine auf dem polierten Boden spiegelt.

Der Stuhl sollte bequem sein; das heißt: nicht zu tief und nicht zu weich, was die Verdauung hemmt, wie es bei den römischen Liegen der Fall war. Er sollte aber auch nicht hart wie die Cornish-Felsen, sondern dem normalen Körper angepasst sein. Der beste Stuhl, auf dem ich je saß, war breit, solide, mit einer hohen Lehne und aus englischem Eschenholz.

Der Tisch sollte groß sein und vor allem fest stehen, ohne zu knarzen oder zu wackeln. Auch die Teller sollten groß sein, das Tafelsilber eher schwer als leicht, mit schlichten Verzierungen. Einfache Tischwäsche über dem ganzen Tisch, klare Farben bei Blumen und

Früchten, Gläser nicht allzu sehr verziert – alles sollte einfach und dem Essen und den Getränken angemessen sein.

Die Gäste – »wenige und ausgewählte« – sind Landor und mir am wichtigsten, wie auch Archestratos vor langer Zeit, der in einem Fragment seines verschollenen Gedichtes über die »Gastronomie« schrieb:

*Ich schreibe diese Regel für das*
*unsterbliche Griechenland,*
*Dass an einem runden Tisch, köstlich gedeckt,*
*Vielleicht drei, vielleicht vier bei*
*ausgewählter Mahlzeit sitzen mögen,*
*Vielleicht fünf höchstens. Wer anders isst,*
*Der gleicht einer Beute plündernden Schar.*

Diesem Diktum würde ich allerdings eine weitere Person hinzufügen, denn an einem Tisch können gut sechs Personen essen. Mehr, auch wenn es nur ein oder zwei sind, sind gefährlich, über zehn tödlich.

Was ist schlimmer: die rigide Etikette einer Unterhaltung mit den Tischnachbarn rechts und links bei einem offiziellen Bankett oder die zwanghafte Fröhlichkeit bei der Jahresfeier irgendeines modernen Dienstleistungsclubs, in dem es laut ist vom Lärm zu vieler Menschen, die zu viel essen von Dingen, die in zu großen Mengen zubereitet wurden? In beiden Fällen herrscht eine mehr als nur schwache Ähnlichkeit zu Archestratos' »Beute plündernder Schar«.

Vielleicht spüren zu wenige von uns, dass das Brechen von Brot, das Teilen von Salz, das gemeinsame Löffeln aus einer Schüssel mehr ist als die bloße Befriedigung eines Bedürfnisses. Wenn man diese ursprünglichen Dinge so beiläufig verrichtet, wie man Musik aus dem Radio hört, vergisst man ihr Geheimnis und ihre Kraft. Auch wenn wir uns von den Ur-Regeln des Lebens entfernt haben, sollten die mit anderen eingenommenen Mahlzeiten ein schöner und vertrauensvoller Akt sein und nicht bloß die Erfüllung gesellschaftlicher Verpflichtungen.

Ich kenne einen Mann, der das Gegenteil von dem ist, was ich meine: Sein Verständnis von Hunger und dessen Befriedigung ist derart vereinfacht, dass er Essen als etwas betrachtet, das so notwendig und so intim ist wie jede andere Körpertätigkeit – wie die Darmentleerung oder die Sexualität –, als etwas, das nicht mit anderen zu teilen ist. Ihm wäre es sogar zuwider, mit seinen engsten Freunden zu essen.

Seine Ansicht ist übertrieben und in meinen Augen ungesund, denn für mich gibt es keine angenehmere Entspannung als ein gemeinsames, friedliches Essen mit einigen wenigen Freunden. Aber ich teile seine Meinung, wenn ich an das obligatorische Abfüttern in Gesellschaft von unbekannten Menschen denke. Solch einer unanständigen Zurschaustellung würde ich Platos Schüssel mit Oliven vorziehen, aber niemals würde ich auf ein Essen mit drei oder vier Personen oder – höchstens – sechs verzichten.

Was sechs Personen wünschen, ist schwierig zu entscheiden. Man muss die sechs Geschmäcker und sechs Vorlieben kennen, um ein Menü zu zaubern, das allen gerecht wird. Alte Vorlieben müssen mit neuen, neue Aromen müssen mit alten verbunden werden. Auf diese Weise sollten Mahlzeiten entstehen, die sowohl die Zunge als auch die Verdauung stimulieren, Mahlzeiten, an die man sich mit Genuss erinnert und auf die man sich zukünftig freut. Solche Mahlzeiten zuzubereiten und zu servieren, ist, wie ich finde, eine der schönsten Tätigkeiten und nichts ist süßer als die aufrichtige Bewunderung eines zufriedengestellten Freundes. Als Horaz einem vom Sturm überraschten Reisenden zu Hilfe kam, gab er ihm ein gutes Hähnchen zu essen, ein gebratenes Zicklein, Weintrauben, Feigen und Nüsse und süßen römischen Wein.

Wenn wir in den Räumen der alten Künstlerin Nell Coover dinierten, mit Whistler-Kissen und den schönen Stühlen und Regalen von Heppelwhite's, dann setzte sie uns einen wunderbaren Salat aus Seetang und eine Schüssel grünen wilden Spinat vor. Das war alles, was sie hatte, und sie trug es ohne einen Ausdruck des Bedauerns, das auch gar nicht nötig war, auf. Unsere Augen und unsere Bäuche waren zufrieden, Miss Coover auch, denn sie hatte ihre Gäste gut bewirtet.

Für meine eigenen Gerichte bevorzuge ich die Einfachheit und das Neue. Vielleicht, weil ich auf diese Weise das Interesse meiner Gäste errege, was wiederum ein indirektes Kompliment für mich ist.

Ich liebe Muße und Behaglichkeit. Daher mag ich es nicht, wenn unter meinen Gästen zwei oder mehr

Personen, egal welchen Geschlechts, im ersten stürmischen Liebesrausch sind. Man lädt sie besser ein, wenn sich ihre neue Leidenschaft beruhigt hat. Abgesehen davon ist es eine Verschwendung, wenn man Frischverliebten ein gutes Essen serviert.

Ich bin nicht der Meinung wie die Griechen und Römer, dass Frauen erst gegen Ende des Mahles mit dem letzten Wein und mit der letzten Musik Zugang haben dürfen. Auch der Franzose hatte unrecht, wenn er meinte, dass es für einen wahren Feinschmecker keine noch so blauen Augen, verführerischen Locken oder Schultern gäbe, die den Liebreiz eines schwarzen Trüffels ersetzen könnten.

Gäste sollte man, ungeachtet ihres Geschlechts, ihrer sozialen Position oder ihres Alters, danach auswählen, ob sie zu essen – und zu trinken! – verstehen, und sie sollten eine gute Mischung aus Hemmungslosigkeit und Zurückhaltung besitzen. Sie sollten Freude am Essen haben und sowohl die Zubereitung als auch das Essen selbst als eine Kunst ansehen. Sie sollten die dazu gereichten Getränke genießen; egal, ob es sich um ein Bier handelt, das man aus der Flasche auf einem Berg trinkt, oder um das reife Bouquet eines *Chambertin* 1919, den man in einem großen Kristallkelch und auf feinstem Damast serviert.

Gäste sollten über die seltene Gabe verfügen, am Tisch zu verweilen. Sie sollten in der Lage, nein, begierig darauf sein, stundenlang – drei, vier oder sechs Stunden – bei einer Mahlzeit zu sitzen, ob sie nun aus Suppe, Wein und Käse besteht oder aus zwanzig wunderbaren Gängen. Mit guten Freunden, die diese Eigenschaften besitzen, gutem Essen auf einem Holzbrett und gutem Tischwein im Krug erübrigt sich die Frage: Wann sollen wir leben, wenn nicht jetzt?

## Neunter Gang
## Der Duft von Dijon

Wir kannten eine Frau, die in einer kleinen Strandsiedlung Grundstücke verkaufte. Sie war hoch in den Sechzigern und ihr Gesicht zerklüftet wie eine Backsteinmauer, aber sie war immer noch fidel, und ihr größter Wunsch war es, Mädchenrollen auf dem Broadway zu spielen.

Wir erzählten ihr, wir würden nach Frankreich gehen.

»Wohin?«, fragte sie.

»Mal hier hin, mal dort hin … vielleicht Dijon …«, antworteten wir.

Ihr Gesicht hellte sich plötzlich auf: »Oh, Dijon!«

Dann schlug sie die Hände vor ihre Augen und weinte. »Der Geruch dort!«, schluchzte sie. »Der Geruch vom Dijoner Lebkuchen! Wenn ihr dort seid, riecht ihn für mich!«

Und das taten wir auch. Aber nicht nur das.

Wir rochen auch den Dijonsenf, besonders an der Ecke, an der Grey-Poupon kleine Töpfe davon zur Schau stellt. Im Herbst rochen wir Dijoner Schwarze Johannisbeeren, und wenn wir sie aßen, waren unsere Münder violett gefärbt. Das ganze Jahr und überall rochen wir den Dijoner Lebkuchen, dieses *pain d'épice*, das vielleicht mit einem Kreuzfahrer aus Asien gekommen war.

Ein seltsamer Duft – Honig, Kuhdung, Gewürznelken –, etwas Unbenennbares, aber doch ganz und gar Unverwechselbares lag über der ganzen Stadt. Manchmal verirrte sich eine kleine Duftwolke ins Theater oder durchzog ein Café und in Kirchen überdeckte der Duft für einen kurzen Augenblick den Weihrauch.

Aber der Geruch des *pain d'épice*, der so schwer war wie ein Flanellvorhang, überzog alles.

Hier ist das Rezept, selbstverständlich ohne den Geheimtipp zu verraten, nach denen die Bäckereien ihre Lebkuchenbrote backen, die alle verschieden schmecken.

Man nehme zwei Pfund alten dunklen Honig und erhitze ihn langsam, je älter und je dunkler, desto besser. Dann die dünne Flüssigkeit sehr langsam und gründlich mit zwei Pfund feinem Brotmehl vermischen, das etwa zu einem Drittel aus Roggen besteht.

Der ausgekühlte Teig muss mindestens acht Tage an einem kühlen Ort stehen. In Dijon jedoch, wo das allerbeste *pain d'épice* herkommt, reift er in der Kälte über einige Monate oder gar Jahre heran!

Jedenfalls sollte man so lange wie möglich warten. Dann den Teig in eine Schüssel füllen und sechs Eigelb, einen gestrichenen Teelöffel Mineralwasser mit Kohlensäure und drei Teelöffel zweifach-karbonisiertes Mineralwasser dazu geben.

Als Nächstes kommen einige Gewürze – und hierin, denke ich, liegt der Zauber. Bevor man selbst herumexperimentiert, probiere man beim ersten Mal Folgendes aus: ein paar Prisen Anis, ein Teelöffel Senfpulver und die Schale einer großen Zitrone.

Den Teig nun sehr, sehr lange schlagen, in eine gefettete Backform oder eine Pfanne geben und ihn eine Stunde lang bei geringer Hitze im Ofen backen lassen – oder weniger, wenn die angegebene Menge auf mehr als eine Backform verteilt wurde.

In Dijon werden kleine Lebkuchenstücke mit Orangenmarmelade gefüllt und glasiert oder große viereckige Laibe mehrfach durchgeschnitten und mit Aprikosenmarmelade bestrichen, bevor sie wieder aufeinandergeschichtet werden. Manchmal werden Johannisbeeren und kandierte Früchte in die Brotlaibe mit hineingebacken. Oder man lässt sie einfach pur und reicht die mit süßer Butter bestrichenen dünnen Scheiben zum Tee.

Was auch immer man mit seinem *pain d'épice* anstellt, es sollte stets in Wachspapier und einer luftdichten Schachtel verpackt werden. Nach zwei oder drei Monaten wird es noch besser schmecken.

## Zehnter Gang
### Kulinarische Träume

Während das 20. Jahrhundert als das Zeitalter der »Massenfütterung« betrachtet werden kann, wird das 19. Jahrhundert wegen seiner großartigen Restaurants in Erinnerung bleiben. Damals schossen viele Pariser Restaurants wie Pilze aus dem Boden. Hatten ihre Besitzer bisher lediglich im Verborgenen gewirkt, so traten sie nun selbstbewusst hervor – und wurden reich. Sie scharten die Patissiers, Rotissiers und Sommeliers der alten Garde um sich und hatten bald mehr Schüler, als benötigt wurden. Die Restaurants siedelte man nun in den besseren Quartieren an, wo sie in kürzester Zeit zu jenen »Esstempeln« avancierten, die Zola, Maupassant und Dumas für uns so treffend beschrieben: mit ihren schönen Frauen, ihren beleibten Gourmets, ihren glitzernden Spiegeln und rotem Plüsch.

Die Faszination guten Essens, die während des 19. Jahrhunderts Europa, insbesondere Frankreich überschwemmte, hatte wahrhaftig einen nie da gewesenen Einfluss auf die Weltliteratur.

Grimod de la Reynière schrieb im Jahre 1808 *Le Manual des Amphitryons* und gab den großen *Almanach des Gourmands* heraus; Carême kochte für Baron Rothschild und für Fürsten aus aller Herren Länder und schrieb Bücher zu den verschiedensten Themen, von den schönsten Patisserien bis hin zur Kulturgeschichte der Küche. Die Meisterköche wurden von allen großen Schriftstellern in ihren Werken verehrt und bewundert.

Umso verwunderlicher, dass der Größte unter ihnen wahrscheinlich weitgehend unbekannt war und von Pariser Feinschmeckern gar als ungehobelter Provinztrottel verhöhnt wurde: Brillat-Savarin. Er, der abseits des Trubels lebte, besaß einen edlen und ausgeprägten Geschmack und ließ sich viele Jahre Zeit, bis er ein paar Monate vor seinem Tod 1828 *Die Physiologie des Geschmackes* veröffentlichte. Dieses Buch, in jeder Frage ein wahrhaftiges Meisterwerk an Klarheit und Anmut, ist immer noch einzigartig unter all den Büchern, die sich mit dem Essen beschäftigen. Über körperliche Genüsse zu schreiben, ohne in einen primitiven oder übervorsichtig in einen vagen, trockenen und wissenschaftlichen Ton zu verfallen, ist immer schwierig. In *Die Physiologie des Geschmackes* ist nichts von alledem zu bemerken. Es ist ein nahezu vollkommenes, wunderbares Buch. Man kann der Versuchung, ein Beispiel seiner klaren, treffsicheren Prosa zu geben, schwerlich widerstehen, aber noch besser ist es, wenn man das Buch selbst zur Hand nimmt, findet man doch darin kein einziges überflüssiges Wort und keine einzige langweilige Seite.

Während Brillat-Savarins Leben in Paris und Belley bescheiden verlief und er in kluger Weise über die sich selbst übertreffende Kochkunst nachsann, wurde Europa nach der Kunst des Essens geradezu verrückt.

Zu keiner Zeit waren die europäischen Restaurants so überfüllt gewesen, außer vielleicht während des Ersten Weltkrieges, wo allerdings eine ganz andere Atmosphäre herrschte.

Zwischen 1914 und 1918 hüllten die Frauen ihre schlanken Körper in eng anliegende glitzernde Stoffe und versuchten auf diese Weise die traurigen jungen Männer aufzuheitern. Im 19. Jahrhundert waren die Frauen voller, weicher, sanfter. Sie dinierten an den Tischen der besten Restaurants in Paris und kannten die Vorlieben und Abneigungen ihrer wählerischen Herren bis ins kleinste Detail.

*Foyot's*, das *Café de Paris*, die *Brasserie Universelle* – es gab Hunderte solcher Esstempel, einige nur für eine kurze Zeit, andere wegen ihrer Hingabe an *la gourmandise* scheinbar ewig.

Zwar waren nicht alle so begehrt wie der große Carême, aber dennoch wurden die Köche der Esstempel von der Öffentlichkeit hofiert.

Kaum war der letzte Bissen hinuntergeschluckt, wurden schon ihre kleinsten Erfolge zum Stadtgespräch, und ihre Äußerungen, auch wenn sie noch so unbedeutend waren, wurden von hungrigen Köpfen wie den Dumas' oder Maupassant aufgesogen, um später in feierlichen oder gewitzten Gesprächen wieder aufzutauchen.

Aus guten Gründen ersetzten Brillat-Savarin und Carême gegen Ende des Ersten Empire die auf Platten aufgetürmten und mühsam mit Spießen aufrecht gehaltenen Bratenmassen durch ›angerichtete Speisen‹. Paul Reboux, der moderne Gourmet, dessen geistreicher Aufsatz über die Kochkunst in einer angesehenen Enzyklopädie taktlos von einem grauen Foto flankiert wird, auf dem ein Gebilde zu sehen ist, bei dem es einem den Magen umdreht – Paul Reboux hat festgestellt, dass »diese riesigen, barbarischen Bratenmassen« auch eine Bastille waren, die durch die Französische Revolution zerstört wurde. Auf jeden Fall waren die Pariser im gleichen Maße damit beschäftigt wie mit der Französischen Revolution.

Fleisch, Früchte, Gemüse, Weine – alles wurde kombiniert und auf tausendfache Weise angerichtet. Bislang unbekannte Geschmacksrichtungen und Aromen stiegen von den betörenden Gerichten auf, die nach und nach kunstvoller und in ihrer Zusammensetzung differenzierter wurden. Schließlich wurden die besten dieser ›angerichteten Essen‹ ausgestellt; so entstanden die *pièces montées*.

*Pièces montées* hatten für die Franzosen des letzten Jahrhunderts die gleiche Bedeutung wie heute die modernen Kunstausstellungen und Automobilschauen. Man veranstaltete öffentliche Wettbewerbe und gründete Schulen, um angehende Köche in die Geheimnisse der Küche einzuweihen, und es entstanden die tollsten Kreationen und die ersten umfangreichen Abhandlungen über die Kunst des Essens.

Bei den Römern gab es Patisserien, aus denen manchmal Zwerge heraustanzten oder ein Schwarm Amseln und weiße Tauben herausflogen. Später, in England, waren es schwere Köstlichkeiten, die die Bankettteilnehmer in Erstaunen darüber versetzten, was ihre Bäuche so gefüllt hatte. In Frankreich jedoch, im strahlenden Frankreich des letzten Jahrhunderts, entwickelten sich diese Erfindungen zu wahrer Kunst und Popularität.

Jedes gute Restaurant hatte seine Spezialität, seine

*pièce montée,* die zu Feierlichkeiten – von der Taufe bis hin zum Leichenschmaus – empfohlen werden konnte. Waren die Preise dafür zu hoch, gab es sicher in der Nähe eine Bäckerei, in der selbst der Lehrling eine ganz passable Zuckertaube zaubern konnte, die aus einem Nest aus Mocca und Pistaziencreme emporstieg.

Unter all den Arrangeuren war Carême sicherlich einer der größten. Er besaß eine begnadete Fertigkeit, Torten und Gebäck zu verzieren und zu arrangieren, was für ihn einen hohen Stellenwert besaß. In einem seiner Bücher heißt es:

»Der Schönen Künste gibt es fünf an der Zahl: Malerei, Musik, Bildhauerei, Dichtkunst und schließlich Architektur – deren Hauptzweig die Patisserie ist.«

*Pièces montées* wurden immer populärer, aber Carêmes traumhafte und fantastische Kreationen blieben unerreicht. Seine außergewöhnlichen Kombinationen wie auch seine Mischung aus Ironie und Schönheit wurden von seinen Anhängern kopiert und dabei übertrieben. Und wie jeder Schule folgten auch seiner Schule billige Nachahmer, sodass am Ende des Jahrhunderts die Arrangements bereits lächerlich waren, ein Synonym für die Vulgarität neureicher Unterhaltung.

*Pièces montées* vom Feinsten finden wir in Carêmes Buch *Le Pâtissier Pittoresque* wie auch in vielen anderen Bänden aus dieser Zeit. Zahlreiche Verzierungen und eine unaufdringliche Sprache präsentieren höchst delikate und abwechslungsreiche Gerichte, die Tausende von Francs kosteten und nur selten verspeist wurden.

Ein Arrangement verdient besondere Erwähnung. Es ist etwa einen bis 1,20 Meter hoch. Auf die

Grundplatte wurde mithilfe einer Tortentülle ein Meer von äußerst zarten, grünen Blättern gespritzt, die aus gestampften Kartoffeln geformt wurden. Daraus wächst eine dorische, sich verjüngende Säule empor, bekränzt mit fahlen, voll erblühten Blumen aus Krebsfleisch. Sie trägt ein Becken, das mit Muscheln und Rosenknospen aus Garnelen umrandet ist und einen See aus klarstem, blau-grünem kristallisiertem Zucker enthält. Ein rundlicher Fisch krümmt sich auf seinem Schwanz daraus hervor, jede seiner Schuppen glänzt, seine Augen blicken belustigt, und er hält einen wundervollen Schirm aus gesponnenem Zucker mit einer kräftigen Flosse über seinem Kopf.

## Elfter Gang
### Wenn Lukullus mit Lukullus speist

Lukullus, dessen üppige Mahlzeiten immer noch gelobt werden, hatte eines Tages keine Lust mehr, in Gesellschaft zu speisen, und zog es vor, alleine zu essen.

Als er sich einmal ein Gericht nur für sich allein servieren ließ, stellte er gewisse Nachlässigkeiten fest: Der Wein war eine Spur zu kalt, und der Sauce für den Karpfen, an dem weniger dran war als sonst, fehlte das gewisse Etwas, für das sein Koch so berühmt war.

Lukullus runzelte die Stirn und ließ den Hausdiener kommen.

»Nun ja, vielleicht …«, stimmte dieser ihm unter einer Flut von Respektbekundungen zu, »wir dachten, es sei nicht so wichtig, ein Bankett vorzubereiten, wenn mein Herr alleine speist …«

»Aber genau dann, wenn ich alleine speise«, antwortete der große Feinschmecker frostig, »muss man darauf achten, dass Lukullus mit Lukullus speist.«

Nur wenige realisieren das, wenn sie mit sich selbst speisen. Sie versuchen sogar, diese eher beängstigende Wahrheit zu verdrängen. Sie lesen Zeitung oder schalten das Radio ein, wenn sie zu Hause sind. Noch häufiger fliehen sie vor sich selbst, indem sie sich mit Freunden in überfüllten Klubs verabreden oder in das lauteste Restaurant um die Ecke gehen, wo andere einsame

Menschen in Scharen das Essen in sich hineinschlingen und zwischen den gehetzten Gängen Verdauungspillen schlucken.

Schade – denn ein Essen, das man gelegentlich mit sich selbst einnimmt, tut einem äußerst gut. Es gibt einem Zeit für sich; die Ruhe, um zu genießen, oder die Gelegenheit, das Steak einmal ganz anders zuzubereiten, oder einmal eines der Gerichte auszuprobieren, die die Ehefrau hasst.

Er sollte aber auch nicht allzu viel Aufhebens darum machen. Der alte Thomas Walker, der bei seiner Beschäftigung mit der Kunst des Essens gelegentlich übertrieb, äußerte sich zu dem Problem folgendermaßen:

»Man sollte sich freuen, wenn man alleine essen muss; man kann sich entspannen, von den Dingen, die einen sehr beschäftigen, Abstand gewinnen und an Angenehmeres denken.«

Die Zeit des »Entspannens und Abstandnehmens« kann man getrost zum Braten eines zarten Filets nutzen, wenngleich ich bezweifle, dass Mr. Walker das meinte; und es gibt nichts Angenehmeres, auf das man seine Aufmerksamkeit lenken könnte, als eine gute Flasche Rotwein von der Côte d'Or. Zusammen mit ein paar Salatblättern und einem knusprigen Sauerteigbrot hat Lukullus eine Mahlzeit, die sogar für Lukullus angemessen ist.

Ein Engländer, und zwar ein Graf, bevorzugte jedoch einmal ein etwas komplizierteres Menü:

»Eine gute Suppe, ein kleiner Steinbutt, ein Rehbraten, Entchen mit grünen Erbsen oder Hähnchen mit

Spargel und ein Aprikosenkuchen – das ist das Mahl für einen Imperator.«

Vielleicht hatte er recht. Ludwig XIV., der immer allein und um ein Uhr mittags dinierte, aß mehrere Suppen, drei üppige Hauptgänge und danach ein Dessert. Auch aß er immer nur an einem bestimmten Tisch und ließ sich nur von Adligen seines Hofs bedienen – zwei Dinge, die sein Wohlbefinden sicher beeinflusst haben dürften. (Viele Menschen finden nur bei leiser Musik Gefallen an gutem Essen oder in einem Zimmer mit dunklen Wänden. Mit Hunger hat das nichts zu tun.)

Ich kannte zwei Menschen – einen alten Mann und ein sechzehnjähriges Mädchen –, die, ohne auch nur einen einzigen Moment darüber nachzudenken, verstanden haben, warum Lukullus mit Lukullus speiste.

Biddy hatte strahlende braune Augen, war groß und still und so unbeholfen wie ein frisch geschlüpfter Schmetterling. Sie lebte in einer Traumwelt, anscheinend gelassen, lethargisch, eigensinnig.

Eines Tages nahm sie ihr Taschengeld für die ganze Woche, ging in aller Ruhe und zielstrebig zur Straßenbahn und murmelte etwas von Besorgungen und Geburtstagen und dergleichen. Auf die verblüfften Fragen ihrer Mutter lächelte sie nur. Spät am Nachmittag kam sie zurück, brachte aber weder Geburtstagsgeschenke noch etwas anderes mit nach Hause, sondern lediglich eine bunte Papiertüte, aus der sie für ihre Mutter ein großes Stück Apfelstrudel nahm. Sie war noch geistesabwesender als gewöhnlich, schien aber sonst in Ordnung – und der Strudel war wunderbar.

Als ich Biddy später traf, sprachen wir über Restaurants, und als ich die Spring Street in Los Angeles erwähnte, in der man das beste und das schlechteste Essen von sieben Bundesstaaten in weniger als sieben Blocks finden konnte, sah ich plötzlich ihre Augen aufleuchten. »Ich habe gehört, dass du letzten Samstag in der Stadt warst«, sagte ich, wobei ich mich wie Sherlock Holmes und wie eine Voyeurin fühlte. »Was hast du gemacht?«

Biddy warf mir einen kurzen Blick zu und lächelte dann etwas verlegen.

»Spring Street, oder? Wo warst du?«

»Also, naja – ich war bei *Katie Levey's*. Warum haben Sie mir nie gesagt, wie gut man dort isst? Und erst die Leute!«

»Österreichische Juden?«

»Ja klar. Was sonst in einem koscheren Restaurant, das von einem Wiener geleitet wird. Der beste Garant für gutes Essen«, fügte sie beiläufig hinzu, »sind nun mal die Juden.«

Ich erkannte darin den Lieblingsspruch ihrer Mutter und fragte: »Aber was hast du zwischen elf und drei gemacht? Du kannst unmöglich vier Stunden lang Mittag gegessen haben.«

Etwas verächtlich antwortete Biddy: »Ich habe gefrühstückt, nicht Mittag gegessen, und selbstverständlich habe ich vier Stunden lang gegessen: in einem anständigen Restaurant macht man das so. Ich habe Kaffee getrunken mit viel heißer Milch und Wiener Gebäck gegessen und – und so Sachen.«

»So Sachen? Das heißt Salami und süße Essiggurken?«

»Mhm.« Sie blickte verträumt an mir vorbei. Ich sagte nichts, und endlich erzählte sie weiter: »Ich saß in der Nähe der Kuchentheke und beobachtete die Leute im Spiegel. Sie waren so erfreulich wohltuend – und das unten auf der Spring Street, wo sonst alle anderen Leute um elf Uhr hin und her rennen. Sie sprachen alle möglichen Sprachen und tunkten das Gebäck in ihre Kaffeegläser – ja«, rief Biddy aus, »mein Kaffee war in einem Glas! Fantastisch!«

Ihr Gesicht war lebhaft, und in ihren dunklen Augen nahm ich ein stilles Wissen wahr, das ich nie zuvor beobachtet hatte. Sie schloss mit den Worten: »Vier Stunden saß ich dort, beobachtete, wie sie ihr Brot in Kaffeegläser tauchten. Und ich werd's noch mal machen! Es war – es war einfach das, was ich brauchte.«

Biddy frühstückte mit Biddy, das sah sie zum ersten Mal deutlich im Spiegel, und weitere Male würden folgen.

Der andere, der verstand, warum Lukullus mit Lukullus speiste, war ein alter Mann. Ich wusste nie, wer er eigentlich war. Wann immer wir ins *Victor Hugo* gingen, war auch er da, an einem ruhigen Ecktisch. Er war sorgfältig gekleidet, in etwas altmodischer Abendgarderobe; seine Füße steckten in glänzenden Schuhen, die so klein wie die von einer Puppe waren.

Er aß wenig und trank eine halbe Flasche Wein zu seinem Fleisch. Beim Dessert zelebrierte er mit der Würde eines Hohepriesters immer das gleiche Ritual.

Auf einer Serviette reichte man ihm eine Avocado. Er prüfte ihre Reife, roch an ihr und nickte meist bejahend. Mit einem Silbermesser teilte man sie in zwei Hälften. Er selbst löste dann die Schale ab, legte die eine Hälfte mit Bedacht auf einen großen Teller und ließ die andere wieder zurück in die Küche bringen.

Dann brachte man Puderzucker, den der alte Mann in die Aushöhlung der Frucht gab. Er war eine ganze Weile damit beschäftigt, die Oberfläche fest und glatt zu streichen. Als Nächstes brachte der Sommelier eine bärenförmige Flasche mit einem klaren russischen Kümmel. Großzügig füllte er damit ein Likörglas, wartete auf das Einverständnis signalisierende Schnüffeln des Mannes und ging.

Tropfen um Tropfen verschwand der Kümmel im weißen Zucker, sehr langsam, sehr gemächlich. Der alte Mann verrührte vorsichtig beides miteinander, drückte es fest und verrührte es erneut. Schließlich aß er einen Löffel davon, dann noch einen. Manchmal hörte er mittendrin auf. Dann trank er einen Schluck Kaffee und ging.

Ich habe dieses Gericht noch nicht probiert, weil ich mir seinen Geschmack nicht vorstellen konnte, aber der Gesichtsausdruck des alten Mannes ist in meiner Erinnerung sehr deutlich. Er war so glücklich wie Biddy mit ihrem Kaffee im Glas und ihrem Spiegel. Er war zufrieden und wissend – wissend, dass Lukullus aus guten Gründen mit Lukullus speiste.

## Zwölfter Gang
## Wie man Wasser kocht

In meiner Kindheit kannte ich eine Frau, die nicht einmal Wasser kochen konnte. Ich habe vergessen, wer sie war; ich glaube, eine Südstaatlerin, die zusammen mit meiner Mutter in Virginia aufs Mädchenpensionat gegangen war.

»Oh ...«, rief meine Mutter halb verächtlich und halb mit wehmütigem Neid – und dabei schnaubte sie immer ein bisschen und warf ihren Kopf zurück, »oh, sie konnte nicht einmal Wasser kochen!« Und dann fügte meine Mutter stets hinzu: »... bis sie heiratete!«

Lange Zeit dachte ich, dass die ersten Schmerzen ehelicher Freuden auch neue Weisheiten mit sich brächten, eine Art mystisches Wissen, das zusammen mit dem Ehering an die Finger der Braut gesteckt würde, sodass sie mit einem Mal wusste, wie man Wasser kochte.

Mittlerweile denke ich anders. Mittlerweile denke ich, dass nur wenige Frauen genau wissen – ganz gleich, ob sie aus den Südstaaten stammen oder nicht oder ob sie Jungfrauen sind oder nicht –, wie man Wasser in einem Topf zum Kochen bringt.

Wann kocht das Wasser? Wann ist Wasser tatsächlich Wasser?

Nach Websters Lexikon ist Wasser Wasser, wenn es eine farblose, geruchsneutrale, durchsichtige Flüssigkeit ist, die sich aus zwei Bestandteilen zusammensetzt, aus Wasserstoff und Sauerstoff. Das kann auch Regen sein oder das Meer oder ein diamantener Kronleuchter. Das Wasser jedoch, das ich meine … das Wasser, das die Südstaatlerin nicht kochen konnte … ist gutes klares Wasser, das aus einem Hahn oder, wenn man Glück hat, aus einer Quelle oder einem Brunnen kommt. Es ist das Beste, um Wölfe zu kochen.

Und wann kocht das Wasser? Man kann sagen – und einige Menschen argumentieren so –, dass Wasser kocht, wenn es auf hundert Grad Celsius erhitzt wird. Ich allerdings würde sagen, dass das Wasser kocht, wenn es mit großen Blasen sprudelt und so aussieht, als wolle es gleich aus dem Wasserkessel springen. Eine Freundin, die mit einem Samowar aufwuchs, kannte nur eine Art, Wasser zu beschreiben, das genau richtig für den Tee war: »ein wahnsinniges Geblubber«. Auch sagte sie nie, dass Semmeln oder Toast heiß oder sehr heiß sein müssten. Sie mussten »heiß-heiß-*heiß!*« sein. Sie betonte das Wort mit großer Emphase, ganz egal, wie langweilig das Brötchen auch sein mochte.

Wenn das Wasser laut und wild ist, ist das Wasser so weit, dass es verwendet werden kann – vorausgesetzt natürlich, dass es in einem sauberen Wasserkessel zubereitet wurde. Die meisten Menschen, ob verheiratet oder nicht, wissen nicht, dass es einen Moment gibt, an dem es *au point* ist. Danach ist es »verkocht«, fast so sicher wie ein gegrilltes Filetsteak oder ein *crêpe suzette*.

Die alte anheimelnde Legende vom Wasserkessel, der den ganzen Tag auf der Feuerstelle köchelt und darauf wartet, in eine schmackhafte Tasse Tee verwandelt zu werden, ist für jeden irritierend, der sich dafür interessiert, ob sein Tee mit lebendigem Wasser oder mit einer Flüssigkeit zubereitet wird, die trotz augenscheinlicher Ähnlichkeit mit Websters Definition flach und geschmacklos ist oder, mit anderen Worten, aus der das Leben herausgekocht wurde. Höhenlagen verändern übrigens sowohl das Geräusch als auch das Tempo von kochendem Wasser. In der Höhe scheint es mehr Lärm zu machen.

Sicher ist, dass das Wasser fertig ist, wenn es kocht. Dann, in diesem und keinem anderen Moment, fülle man es in die Teetasse oder wofür auch immer es bestimmt ist. Wenn es nicht verwendet werden kann, muss es vom Feuer genommen werden und dann, wenn es wieder gebraucht wird, erneut zum Kochen gebracht werden. Dass das Wasser stehen bleibt, ist weniger schlimm, als wenn das Wasser zu lange kocht.

Und jetzt – unabhängig davon, ob du noch Jungfrau bist oder nicht – kannst du für dich in Anspruch nehmen, dass du Wasser kochen kannst. Niemand wird den Kopf über dich schütteln, so wie meine Mutter es noch immer manchmal über das Südstaatenmädchen tut. Und wenn man doch noch manchmal den Kopf schüttelt, dann bestimmt nicht, weil du deinen Tee mit einer verkochten Mischung aus Wasserstoff und Sauerstoff zubereitet hast.

Die natürliche Weiterentwicklung vom Wasserkochen zum »Wasserkochen mit etwas darin« kann nur schwerlich umgangen werden und ist in den meisten Fällen ja auch erwünscht.

Für eine dauerhafte Diät ist einfaches Wasser bestens geeignet. Und sogar Heilige, von denen es heutzutage unerwartet viele gibt, werden freudig zustimmen, dass ein paar Kräuter und zum Beispiel ein oder zwei Möhren und vielleicht ein magerer Knochen an Festtagen den doch eher eintönigen Geschmack dieser heißen Flüssigkeit vervollkommnen können.

Mit anderen Worten, Suppe ist gut. Tatsächlich ist meine Suppe heute besser als noch vor neun Jahren. Zum einen ist das auf meine zunehmenden Kenntnisse zurückzuführen und zum anderen auf mein zunehmendes Alter. Eine gute heiße Brühe ist heute willkommener denn je und wird es in den nächsten zehn, zwanzig oder dreißig Jahren noch mehr sein!

Suppe ist, nach gebratenem Fleisch, die wohl älteste Mahlzeit der Welt – obwohl nach dem Urteil des großen Mâitre Escoffier »die nahrhaften Flüssigkeiten namens Suppe vergleichsweise modernen Ursprungs sind und so, wie sie heutzutage serviert werden, nicht später als in die frühen Jahre des 19. Jahrhunderts zurückzudatieren sind«.

Über den Ursprung der Suppe nachzudenken, sollte man lieber den Radiofeatures und Leuten überlassen, die Kinder für die Steinzeit begeistern wollen. Die natürliche Entwicklung von einem Topf mit einem wässerigen Knochen darin bis hin zu einer dicken *potage à la Reine* und *crème Vichysoisse* kann jeder in zig Kochbüchern, von denen die meisten schlecht sind, nachlesen. Man kann getrost darauf wetten, dass in den vergangenen achtzig Jahren nicht mehr als acht wirklich wichtige Kochbücher in Amerika veröffentlicht wurden … und dass von diesen nicht mehr als eines *notwendig* ist. (Früher schrieb ich: »Nicht *eines*.«)

»Bevor man alles lernt, was notwendig ist, um eine wahrhaft exzellente Suppenbrühe zu machen, muss man die Grundregeln beherrschen«, sagt ein Koch und beschreibt dann ein gutes, wenn auch etwas aufwendiges Rezept. Das wahrscheinlich beste ist aus Sheila Hibbens *Küchenhandbuch*; das Ergebnis ist so klar, reichhaltig und angenehm wie ihre Beschreibung, die jeder, der wenigstens einmal mit der *haute cuisine* Bekanntschaft machen möchte, kennen sollte. Dass Suppenklassiker wie die von Sheila Hibben oder von Mrs. Moody und Escoffier zwar zunehmend gern gelesen werden, aber gleichzeitig die Möglichkeit abnimmt, sie in unseren kleinen Küchen und unserer schnelllebigen Zeit zu befolgen, ist sehr bedauerlich.

Ein weiteres Problem, und zwar das wichtigste für die Leute, die darüber nachdenken, wie sie den Hunger, der jede Nacht um etwa null Uhr dreißig durchs Schlüsselloch kommt, stillen können, ist die Zeit. (Mein eigener Wolf, mittlerweile fast ein Mitglied der Familie, macht sich momentan etwa gegen vier Uhr morgens am lautesten bemerkbar. Die Tatsache, dass er immer zu anderen Zeiten kommt, hängt mit den modernen Belastungen, mit der Sommerzeit und den Hormonveränderungen – meinen, nicht seinen – zusammen. Er hört sich immer noch hungrig an.) Bis man einen Tag freigenommen, die notwendigen Zutaten besorgt, sie gereinigt, geschmort, geköchelt oder gekocht hat, ist schon eine gute Portion vom wöchentlichen Zeitbudget, das man fürs Essen aufwendet, verbraucht. Das

Ergebnis ist gut, aber wir sollten nicht von Consommé alleine leben, und wenn man Brühe so zubereitet, wie uns gesagt wurde, dann wird für alles andere wenig Geld übrig bleiben.

Jahrhundertelang wurden viele Irrtümer über die schmackhafte Suppe verbreitet, die auf jedem guten französischen Herd steht. Sie soll angeblich wie altertümliche Hefe sein, die sich immer wieder erneuert, aber doch immer vom ursprünglichen »Anfang« stammt, sodass ein Hühnerknochen, der letztes Jahr zu Ostern hineingeworfen wurde, zwar schon lange verschwunden ist, dem gegenwärtigen Gebräu aber immer noch seinen aromatischen Duft verleiht.

Ich mag diese Märchen nicht und glaube auch nicht daran. Ich denke, dass Suppentöpfe ab und zu neu angesetzt werden sollten, so wie die Gewissen der Menschen zu Neujahr. Nachdem man die Töpfe geleert und geputzt hat, setzt man die Suppe mit sauberem Wasser, ein paar Pfefferkörnern und mit allem, was vom Vortag übrig geblieben ist, und schließlich mit frischen Knochen auf. Wenn man alle Zutaten köcheln lässt und gelegentlich umrührt, kann man daraus einen feinen klaren Sud für Saucen machen oder auch eine herzhafte Brühe.

Eine gute Suppe, die in der Zubereitung wenig Zeit in Anspruch nimmt, ist eine Variante der Zwiebelsuppe, die man in Erinnerung an frühere Zeiten morgens in Les Halles trank, nachdem vom letzten der großen Wagen kleine Möhrchen und runde, seidene Zwiebeln abgeladen worden waren, bevor sie wieder davonratterten.

Es gibt nur eine Zwiebelsuppe, die ich nicht mag; ein widerlich dickes Püree, braun, aber nicht braun genug; für so altmodische Leute wie mich wurde sie auf einem zweitklassigen Ball in der französischen Schweiz gereicht – für alle von den Jodlern bis hin zur hungrigen Edelweiß-Meute und immer in wunderschön verstaubten und verlassenen Kasinos, immer mit gutem Champagner und heißen Jazzbands aus Paris. Ich war Stammgast. Aber ich konnte die Suppe nicht ausstehen.

Alle anderen Zwiebelsuppenrezepte sind so weit in Ordnung. Ambrose Heath versammelt in seinem kleinen Klassiker, der schlicht *Gute Suppen* heißt, einige verlässliche Schätze. Sein bestes Rezept ist wahrscheinlich das Rezept Nr. 1, welches er mit dem wundervollen Satz von Koch zu Koch »Es ist die Suppe der Suppen« enden lässt. Auch mein Lieblingsrezept, das ich leider nie ausprobieren konnte, ist dort angegeben. Es verfolgt mich, seit ich in Paul Reboux' *Nouvelle Cuisine* gelesen habe, dass es neben ausgewählten Zwiebeln trockenen Champagner, einen halben reifen Camembert, zahlreiche geschlagene Eier und 30 gut geschälte Walnüsse enthält. In meiner Rezeptsammlung heißt es am Ende: »Für den Optimismus zwischen drei und vier Uhr morgens.«

Auf den zweiten Blick und nach gebührender Abwägung von Reboux' Vorschlägen, denke ich, dass ein Grundrezept vernünftig ist.

### Pariser Zwiebelsuppe

1 Liter Fleisch- oder Gemüsebrühe
2 oder 3 süße Zwiebeln, hauchdünn geschnitten
3 Esslöffel Butter oder gutes Öl
1 gehäufter Esslöffel Mehl
Roggenbrot, dünn geschnitten und geröstet
geriebener kräftiger Käse (z. B. Parmesan)

*Die Zwiebeln im Fett braun anbraten, mit Mehl bestäuben und beim Schmoren zehn Minuten lang umrühren. Die Brühe hinzugeben, möglichst vorgewärmt, und langsam kochen lassen, bis die Zwiebeln weich sind. Den Käse dick auf dem Toast verteilen und unter großer Hitze schmelzen lassen. (Das ist besser, als den Käsetoast auf die Suppe zu legen; so bleibt der Toast knuspriger.) Die Suppe in eine heiße Terrine füllen, mit dem Toast bedecken und sofort servieren.*

Das ist eine leichte, aber herzhafte Suppe, die mit einem guten Salat und Obst und Kaffee jede hungrige Familie beglückt.

Hier nun ein Rezept, das eine Kombination aus Escoffiers *Soupe à la Bonne Femme* und einem Rezept ist, das ich im Kalender einer Gasfirma im Kanton Waadt in der Schweiz fand.

### Kartoffelrahmsuppe

4 mittelgroße Kartoffeln,
geschält und dünn geschnitten
2 milde Zwiebeln, dünn geschnitten

2 Esslöffel Mehl
4 Esslöffel Butter
(hier keine Kompromisse)
Salz und Pfeffer
1 Tasse Kartoffelwasser
3 Tassen erhitzte (oder abgekochte) Vollmilch
1 Esslöffel gehackte Petersilie
1 Esslöffel gehackter Schnittlauch

*Die Zwiebeln 15 Minuten lang bei schwacher Hitze in der Hälfte der Butter schmoren lassen. Die Kartoffeln hinzugeben und mit einer kleinen Menge Wasser, etwa zwei Tassen, bedecken. Langsam kochen lassen, bis sie gar sind. Abtropfen lassen, eine Tasse Wasser auffangen und das Gemüse durch ein engmaschiges Sieb drücken. Ich stelle immer wieder fest, dass die meisten normalen Köche, zu denen ich mich zähle, achtlos werden, was ihre Siebe anbelangt. Mit der Zeit beschränken sie sich auf ein Allzweckgerät, das mehr oder weniger seine normalen Aufgaben erfüllt. Tst, tst, tst! (Sollte gleich morgen zum Haushaltswarenladen gehen … nein, heute!)*

*Aus der verbleibenden Butter und dem Mehl eine* roux *machen, das Kartoffelwasser hinzugeben und die Gewürze sowie die abgekochte Milch einrühren. Das durch das Sieb gepresste Gemüse dazugeben und alles gründlich erhitzen. Zuletzt alles einige Minuten mit dem Schneebesen schlagen und die gehackten Kräuter hinzugeben. Sofort servieren oder abkühlen lassen und am nächsten Tag als* Vichysoisse *servieren.*

Eine andere Suppe, die ganz gewiss nicht langweilig ist, sondern einen speziellen Reiz hat, ist eine Suppe, die in Amerika von Jahr zu Jahr häufiger im Sommer serviert wird und so eiskalt serviert werden kann wie eine *Vichysoisse*. Gleichzeitig ist sie eine Abwechslung für all die müden und spröden Seelen, die die Sommermonate in den Städten hauptsächlich dank der »kalten Kartoffelcreme« ihrer Großmütter überleben. Sie ist einfach zu machen, preiswert und im Gegensatz zur *Vichysoisse* recht geschmeidig, je nachdem, wie viel Glück man beim Anbau oder beim Einkauf von Kräutern hat.

Dieses Rezept stammt teils von Paul Reboux und teils vom spanischen Koch eines italienischen Frachters, der einst zwischen Marseille und Portland, Oregon, schipperte.

## Gazpacho

*In den letzten Jahren war ich in eine Diskussion darüber verstrickt, wie man eine richtige Gazpacho macht. Ich bleibe dem hier beschriebenen Rezept treu, betone aber, dass das Rezept von jedem variiert werden kann.*

1 gute Handvoll Schnittlauch, Kerbel, Petersilie, Basilikum, Majoran … (alle Kräuter oder nur einige, auf jeden Fall frische)
1 Knoblauchzehe
1 Paprikaschote, scharf oder mild
2 Tomaten, enthäutet und entkernt
1 Gläschen Olivenöl (oder sehr aromatisches Nussöl oder Ähnliches)
den Saft einer Zitrone
1 milde Zwiebel, hauchdünn geschnitten
1 Tasse Salatgurke, gewürfelt
Salz, Pfeffer
½ Tasse Brotwürfel

*Die Kräuter zerhacken und mit dem Knoblauch, der Paprikaschote und den Tomaten vermischen, dabei langsam das Öl und den*

*Saft einer Zitrone hinzugeben. Etwa drei Gläser kaltes Wasser oder mehr hinzufügen (ich denke immer noch, dass dies am besten ist, aber häufig verwende ich auch Fleischbrühe oder Fischsud). Dann die Zwiebelscheiben und die Gurkenwürfel, würzen, mit den Brotwürfeln bestreuen und mindestens vier Stunden vor dem Servieren kalt stellen.*

Die *Gazpacho* kann mit sämtlichem Gemüse aus dem Garten variiert werden. Grundlage sollte jedoch immer die gut vermischte Masse aus Öl, Knoblauch, Zitronensaft und gehackten Kräutern sein (das ist der Trick: eine Art Marinade aus aufgeweichten Kräutern, Öl, Zitronensaft ...), Zwiebeln und einige andere Gemüsesorten dürfen nicht fehlen, und sie sollten sehr kalt sein. Dann ist es die ideale Suppe für den Sommer, wunderbar frisch; beinahe verrückt, wenn man bedenkt, dass so einfache Zutaten von sehr welterfahrenen Menschen gegessen werden.

Die *Gazpacho* kann zum Mittag oder zum Abend gegessen werden. (Im heißen Spanien schwimmen Eiswürfel darin.) Die *Gazpacho* ist besonders gut geeignet, wenn man eine Grillparty veranstaltet und seine Gäste – fern von zu viel Alkohol – beschäftigen möchte: Stellen Sie einfach eine große Terrine *Gazpacho* auf den Tisch und lassen Sie Ihre Gäste sich selbst bedienen, in kleine Schüsselchen einschenken und, wenn sie mögen, dazu geröstete Brotwürfel essen. Wenn Sie dann das Entrée für beendet erklären, werden der Appetit angeregt, die Sinne geschärft und die Luft von angeregter Konversation gefüllt sein. (Ich sehe immer zu, dass ich zu viel *Gazpacho* mache. Wenn sie kühl gehalten wird, zieht sie gut durch und ist ein durch und durch herrliches Getränk am Mittag eines glühend heißen Tages. Auch ist sie das beste Frühstück für alle, die einen Kater haben.)

Die wohl beste Suppe für Menschen, die hungrig, müde oder verzweifelt, verschuldet oder verliebt sind, die Schmerzen oder beruflichen Ärger haben - das ist die *Minestrone.*

Sie muss – nach Ansicht ihrer Fans – unbedingt aus Bohnenbrühe hergestellt werden. Andere sagen, dass *Minestrone*, die aus einem Püree getrockneter eingelegter Bohnen gemacht wird, keine *Minestrone* sei, sondern eine *Minestra*. Wieder andere sagen, dass sie mit Gemüse und einer guten Handvoll gewürfeltem Speck oder Schinken angereichert werden muss, während andere meinen, dass sie niemals mit Fleisch zusammengebracht werden darf. Ob kleine gekochte Nudeln, wie zum Beispiel zerbrochene Spaghetti, in allerletzter Minute hinzugefügt werden sollen oder nicht, ist ebenfalls umstritten. Es gibt wahrscheinlich noch andere Unterschiede, und wie bei allen einfachen und rechtschaffenen Gerichten kennt auch die *Minestrone* so viele Abwandlungen, wie es Köche gibt.

Immer ist es jedoch eine dicke unkomplizierte Suppe, herzerwärmend und der Seele schmeichelnd, voller aromatischer Gemüsesorten und zum Schluss durch guten Käse gebunden. »Einen Teller von dieser Gemüsesuppe«, schrieb einst Mrs. Mazza, »mit geriebenem *Romanokäse* obendrauf, dazu frisches, knuspriges Sauerteigbrot mit Knoblauch, einen Salat und ein Glas Wein und *ich habe gespeist.*«

Diese Suppe ist ideal, weil sie am zweiten oder dritten Tag sogar noch besser ist als am ersten Tag und weil die ziemlich lange Zubereitungszeit, gemessen an den Personen, nur wenige Minuten in Anspruch nimmt. Zwiebeln, Knoblauch, Kartoffeln und jungen Kohl gibt es fast immer auf dem Markt oder im eigenen Gemüsefach, und alle anderen Gemüsesorten der Saison können ohne Weiteres dazugegeben werden. Frisches ist unzweifelhaft das Beste, aber Eingefrorenes – ein bisschen von jedem Bund – kann für die wöchentliche und zweiwöchentliche *Minestrone* aufbewahrt werden und sogar Gemüse aus der Dose ist besser als nichts, wenn man sich moralisch und physisch mit dieser rundum sättigenden Suppe aufrüsten möchte.

### Einfache Minestrone

½ Pfund Schinkenspeck oder
gesalzenes Schweinefleisch
oder fetten Schinken
1 kleine gehackte Zwiebel
1 Stange gehackten Sellerie
1 Handvoll gehackte Petersilie
2 Tassen gehäutete Tomaten
1 Teelöffel frischen Basilikum (auf Wunsch)
1 Teelöffel Oregano (auf Wunsch)

*Die Zwiebel im erhitzten Fleischfett andünsten, Sellerie, Petersilie und Kräuter dazugeben und 10 Minuten unter Rühren mit dünsten, wenn nötig, etwas Wasser hinzugeben, damit es nicht klebt.*

*Die Tomaten dazugeben, ständig umrühren und darauf achten, dass nichts anbrennt.*

*Zwei oder drei Liter Wasser hineinrühren. Dazu etwas Muskat, wenn man es mag. (Diese Suppe macht Freude, weil sie so variierbar ist!)*

*Mindestens fünf der folgenden Gemüsesorten durch das feine Sieb des Gemüsehäckslers drücken und an die Suppe geben oder das grob geschnittene Gemüse so lange köcheln lassen, bis es zart ist, und dann pürieren.*

2 große Zwiebeln
1 Kartoffel, mit Schale und allem
1 (oder 2) Knoblauchzehen
½ kleiner Kohlkopf (vorzugsweise Savoy)
3 Karotten
6 Stangen Sellerie
etwas Spinat … sagen wir mal, eine gute Handvoll
einige grüne Bohnen … auch etwa so viel

*Zwanzig Minuten vor dem Servieren – wenn man mag – einige Nudeln zugeben (nicht, wenn die Minestrone mehr als einmal verwendet wird). Die Suppe wild aufschäumen lassen und zum Beispiel mit dünnem gerösteten Brot servieren, aber immer mit einer gut gefüllten Schüssel geriebenem Käse, den jeder nach seinem Geschmack auf die Suppe streuen kann.*

Was das restliche Mahl anbelangt, so sind Mrs. Mazza und ich uns einig. An einem Abend, an dem man *Minestrone* macht, gibt es keinen Grund, noch viel mehr zu tun, weil niemand etwas anderes essen wird. Das Dessert kann man sich für eine hungrigere Nacht aufsparen.

## Dreizehnter Gang
### Wie man Eier nicht kochen sollte

Die wohl geheimnisvollste Sache auf der ganzen Welt ist ein Ei, bevor es aufgeschlagen wird.

Hinter der schönen Rundung seiner Schale verbirgt sich sein Geheimnis, ganz gleich, ob es weiß, braun oder gesprenkelt ist. Formvollendet und beinahe schmerzlos kommt es aus der Henne und liegt unschuldig im Stroh. Und wenn nicht gerade ein Gewitter vorüberzieht oder sich ein krasser Temperatursturz abzeichnet, bleibt es einige Tage frisch genug, um den Gaumen zu erfreuen.

Trotz der Schale kann man einige Dinge über ein Ei erraten. Leute, die sich auskennen, sehen vieles, wenn sie es ins Licht halten, und sogar jeder Dummkopf weiß, dass das Ei, wenn es in einer Schale Wasser hochsteht und ein bisschen umhertänzelt, nicht mehr allzu frisch ist.

Alte Eier sollte man nicht kaufen, da man sie für nichts verwenden kann. Ertappt man einen Händler mit alten Eiern, sollte man ohne zu Zögern zu einem anderen wechseln.

Solange die Hennen genügend zu picken finden, legen sie – auch wenn sich das Land im Krieg befindet und fast alle Wagen des Landes gebraucht werden, um die Soldaten schnell von hier nach dort zu bringen.

Doch unabhängig davon, ob schnell geliefert wird oder nicht – die Eierpreise steigen immer.

Im letzten Krieg kauften die Hausfrauen mehrere Dutzend Eier, wenn sie am billigsten waren, und bedeckten sie in einem Steinguttopf mit einer unangenehmen Masse, die Wasserglas hieß. Ich weiß noch, wie ich manchmal in den Keller ging und in dem Topf nach zwei Eiern für einen Kuchen angelte, den die Köchin backen wollte: Die Flüssigkeit machte ein saugendes Geräusch, als ich die dick ummantelten Eier herausfischte, und mir war in dem kalten dunklen Raum unheimlich zumute. In diesem Moment beschloss ich – und ich halte mich auch heute noch daran –, lieber nur ab und zu ein frisches Ei zu essen, statt den ganzen Keller voller alter Eier zu haben, aus denen, obwohl sie doch angeblich »so gut wie frisch« waren, nicht einmal Omelettes gemacht werden konnten, die man aber für Kuchen und Plätzchen verwendete.

Wenn man sicher sein will, dass ein Ei frisch ist, ist es am besten, wenn man die Henne, die es legt, besitzt. Dies hat viele Nachteile, und ich, die noch nie viel Sympathie für Hühner hatte (ihre Köpfe sind für ihre blöden, scharrenden, alles fressenden Körper zu klein), war immer froh, wenn ich es jemand anderem überlassen konnte, sich um den Hühnerstall zu kümmern, auch wenn ich dann für das Ei am Ende mehr zahlen musste.

Von Zeit zu Zeit sind Eier, teuer oder nicht, eine gute Investition, und außer wenn der Arzt nichts anderes sagt oder man sie nicht ausstehen kann, sollte man gelegentlich Eier anstelle von Fleisch essen. Die altertümliche Auffassung, der zufolge Eier »kein echtes

Nahrungsmittel« darstellen und lediglich etwas Leichtes und Unbedeutendes sind, wird schon allein dadurch widerlegt, dass zwei Eier so nahrhaft sind wie ein saftiges Beefsteak … und zehnmal schwerer zu verdauen, sofern sie nicht richtig zubereitet werden.

Am klügsten ist es, wenn man Eier gar nicht kocht. Der beste Beweis dafür ist der Nachtschwärmer, der mit rohen Prärieaustern sehr schnell wieder fit ist, ganz gleich, ob man hungrig ist oder einfach nur erschöpft. Ebenso kann einem ein rohes, mit etwas Milch oder Sherry verquirltes Ei das Gefühl geben, wesentlich besser und schneller mit sich selbst klarzukommen. Meine Kinder freuen sich jedes Mal auf ein mit Eigelb bestrichenes dunkles Brot, das mit braunem Zucker bestreut ein wunderbar kräftigender Imbiss ist.

Ein Biochemiker erzählte mir einmal, dass ein Ei für jede Minute, die es gekocht wird, drei Stunden benötigt, um verdaut zu werden. Der Gedanke an den Magen, der neun Stunden lang an einem normalen Drei-Minuten-Ei arbeitet, ist ziemlich schrecklich und lässt – wenn es denn stimmt – Erinnerungen an ein Picknick mit den obligatorischen gefüllten Eiern doch recht unheimlich anmuten.

Wenn man ein Ei trotz noch so ausgefallener und wohlschmeckender Tarnungen nicht roh hinunterschlucken kann, muss es gekocht werden. Eigentlich kocht man es *nicht*, denn es gibt keinen irrtümlicheren Ausdruck als den des »Eierkochens«.

Es gibt diverse Möglichkeiten, ein Ei *nicht* zu kochen, bei denen es trotzdem gut zubereitet ist und es beinahe so leicht verdaut werden kann, als wäre es roh.

Eine Möglichkeit besteht darin, dass man das Ei, über das man zunächst kaltes Wasser laufen lässt, damit die Schale nicht springt, sachte in das siedende Wasser gleiten und es dann so lange in der milden Hitze lässt, wie man möchte. Das Ei wird genauso schnell fertig sein wie ein Ei, das man in stark kochendes Wasser gibt – auf jeden Fall aber ist es ein besser behandeltes Ei.

Eine andere Methode – ich denke, die beste – ist es, wenn man das Ei in einen kleinen Topf mit kaltem Wasser gibt und dann das Wasser schnell erhitzt. Sobald es zu kochen beginnt, ist das Ei fertig. Es wird zarter sein, als wenn man es in heißes Wasser gegeben hätte, was natürlich den Teil, der der Schale am nächsten ist, sofort kochen lässt, anstatt ihn langsam zu erhitzen.

Ich habe noch nie gesehen, dass ein Ei geplatzt ist, wenn es in kaltem Wasser erhitzt wurde, aber einige Leute machen ganz automatisch ein kleines Loch in das Ei, um eventuellen Beschädigungen vorzubeugen.

Wenn Sie der Meinung sind, dass gekochte Eier eher etwas für Kleinkinder sind, und nicht zugeben wollen, dass der Genuss eines vorsichtig zubereiteten Eies darin besteht, es aus seiner Schale in einen Becher zu löffeln, es mit Salz und frisch gemahlenem schwarzem Pfeffer und einem beträchtlichen Klacks Butter zu würzen und mit heißem Toast zu essen, dann ist es ganz definitiv kein Gericht für Sie.

Dann sollten Sie lieber ein Stück Butter (möglichst schon zerlaufen, um die Hitze, die sie zum Schmelzen braucht, vom Ei fern zu halten) oder Schinkenfett oder gutes Öl in einer Pfanne oder einem feuerfesten Teller erhitzen und dann ein oder zwei frische Eier hineinschlagen. Dann – und das ist der Trick – sofort die Hitze ausschalten, die Pfanne fest verschließen und etwa drei Minuten warten. Das Ergebnis ist zart und fest und passt tatsächlich sehr gut zu Toast und Kaffee oder als Abendessen zu Salat und Weißwein.

Diese Methode ist natürlich ein Kompromiss. Genau genommen ist es gar kein Spiegelei und dennoch kommt das Ei auf die Art, wie ich es mache, nah an ein *gutes* Spiegelei heran.

Obwohl mir viele Leute ihre Art der Zubereitung verraten haben, mache ich immer noch erstaunlich schlechte Spiegeleier: zäh, mit Rändern, die steifen Spitzen ähneln, und einem Geschmack wie Schwefel und angesengte Zeitung. Um eine verlässliche Methode zu finden, sollte man jeden außer mir fragen oder in ein Kochbuch gucken. Oder experimentieren.

Die Variante mit Öl muss eine Kriegszeitenvariation sein. Gerade kürzlich feuerte ich einen Koch, der Eier mit meinem besten Olivenöl anbriet. Die Eier, das Öl, das ganze Haus und letzten Endes auch der Koch waren unerträglich glitschig.

Es gibt viele verschiedene Theorien darüber, wie man ein Omelette zubereiten soll, aber generell gibt es zwei Arten: die französische Art, bei der kaum verrührte Eier verwendet werden, und das Soufflé, bei dem Eigelb und Eiweiß getrennt voneinander geschlagen und dann vermischt werden.

Natürlich gibt es auch die italienische Frittata, bei der alle möglichen Sorten von gekochtem, abgekühltem Gemüse mit dem Ei vermischt werden und dann eine Art Pastete ergeben; das ist wirklich gut.

Die orientalische Art wird am besten veranschaulicht durch etwas, das in Chop-suey-Salons meist *foo yeung* genannt wird und eine Art Pfannkuchen ist, aus Eiern und Bohnensprösslingen und und und.

Um dem Ganzen die Krone aufzusetzen, gibt es auch die ganz einfache Methode, Eier einfach in eine Pfanne zu geben und sie dann so wieder raus zu lassen, wie man es wünscht. Bei Brillat-Savarin heißt das *oeufs brouillis*, bei mir Rührei.

Die beste Definition eines perfekten französischen Omelettes findet man – möglicherweise unwissentlich – in Escoffiers amerikanischer Übersetzung seines *Guide Culinaire*: »Rührei in einer Hülle von geronnenem Ei.« Wie mir scheint, klingt das an sich nicht wirklich appetitlich, aber das müssen andere beurteilen. In seiner Sprache heißt es viel simpler: *une omelette baveuse*.

Ein ganz brauchbares französisches Omelette – wenngleich nicht der genauen Beschreibung entsprechend, und auch, wenn es beim ersten Mal nur ein steifes hässliches Gerinnsel wird – kann, zumindest beim zweiten Mal, nach folgender Anleitung gemacht werden:

## Einfaches französisches Omelette

6 Eier
3 Esslöffel Butter
(wenn unbedingt nötig,
dann auch gutes Öl)
Salz und Pfeffer

*Darauf achten, dass der Boden der Bratpfanne (20 oder 25 cm Durchmesser) eben ist. Darin die Butter erhitzen, bis sie einen nussigen Duft abgibt, aber nicht braun wird. (»Nicht nur, weil das zu einem erlesenen Aroma führt«, sagt Escoffier, »sondern die Hitze, die erreicht wird, um diesen Duft zu erzeugen, auch die perfekte Hitze für die Eier ist.«) Die Pfanne schwenken, sodass auch die Seiten mit Butter bedeckt sind.*

*Die Eier mit einer Gabel leicht verrühren, würzen und in die Pfanne gießen. Sobald sich der Rand gefestigt hat, einen Bratenheber unter die Mitte schieben, sodass das Ungekochte unter das Gekochte fließt. (Wenn ich eine Pfanne benutze, die ich kenne, und wenn ich die richtige Menge süße Butter in der Pfanne habe zergehen lassen und wenn die Sterne, Winde und sämtliche allgemeine emotionale Befindlichkeiten in Verbindung und Harmonie zueinander stehen, dann – das weiß ich mittlerweile – kann ich auch ein perfektes Omelette machen. Das passiert jedoch nur alle Jubeljahre und dann auch zufällig.) Am besten, man übt es ein-, zweimal; auf jeden Fall muss man dabei bleiben. Wenn es auf der Unterseite schmackhaft braun und auf der Oberseite cremig ist, in der Mitte zusammenfalten (oder meisterlich rollen), auf einen Teller gleiten lassen und schnell servieren.*

*Gehackte Kräuter, Käse, Pilze und beinahe alles andere kann nach eigenem Geschmack hinzugefügt werden, entweder gleich zu den verrührten Eiern oder bevor man es zusammenfaltet. Zum*

*Beispiel kann man Geflügel oder Fisch darin einschlagen oder junge Erbsen oder in Butter geschmorte Spargelspitzen.*

Die zweite Art der Omelette-Zubereitung wird von denjenigen propagiert, die der Überzeugung sind, dass Eier getrennt, dann geschlagen und dann wieder zusammengebracht werden sollten. Der wohl wichtigste Trick dieser Methode besteht darin, dass die schaumige Masse langsam gebraten werden muss. Ein gutes Omelette (Soufflé) sollte im Ofen etwa 15 bis 20 Minuten gebacken werden. Wenn man es so macht, wird es »stolz und stramm dastehen und nicht wie ein müdes Pferd zusammensacken«, sagt Mrs. Mazza. Und sie hat recht.

### Einfaches Omelette Soufflé

6 Eier
3 Esslöffel Butter (oder anständiges Öl, wenn man es mag)
5 Esslöffel heißes Wasser
Salz und Pfeffer

*Die Eier trennen, das Eiweiß sehr steif und das Eigelb cremig schlagen. Das heiße Wasser und die Gewürze dem Eigelb hinzufügen, gut vermischen und unter das Eiweiß heben. Eine kleine Bratpfanne erhitzen, die Butter hineingeben und die Pfanne schwenken, bis die Butter Blasen bildet und auf dem ganzen Boden verteilt ist. Das Eiergemisch hineingeben und bei sehr kleiner Flamme braten, bis es an der Unterseite braun wird. Dann unter den Grill geben, damit es auch von oben leicht braun wird. Wie einen Kuchen mit einem Zahnstocher testen.*

*Man kann das Omelette in zwei Teile teilen und verschiedene Saucen entweder zwischen die Schichten oder oben drauf geben;*

*Spanische Sauce, Hühnerleber, übrig gebliebenes cremiges Bries, Pilze in Sherry … und so weiter. Oder zum Nachtisch mit etwas Rum beträufelt und mit Puderzucker bestreut. Als pikanter Abschluss für ein Mahl kann es mit Chutney oder etwas anderem bestrichen und überbacken werden. Jeanne Bonamour aus Dijon machte Käsesoufflés, als wäre es das Selbstverständlichste von der Welt, so wie ein guter Barmixer trockene* Gibsons *mixt. Sie achtete peinlich genau darauf, feuchten Schweizerkäse und sehr frische Eier (6), Butter (4 EL) und Milch (1 Tasse) zu verwenden. In einer kleinen Kasserolle verrührte sie die Milch und etwas Mehl … aber ihr Rezept ist in jeder besseren Sammlung französischer Küche zu finden.*

## Vierzehnter Gang
### Essen in Einsamkeit

Es dauerte einige Jahre, bis ich lernte, für mich allein zu sorgen, zumindest, was das Essen anging. Wenn mich niemand so verpflegen konnte, wie ich es gerne gehabt hätte, dann musste ich es eben selbst machen und zwar mit so viel Selbstbewusstsein wie nur möglich. Schluss mit den Dosensuppen und dem abgepackten Gebäck und gelegentlich einem Ei, nur weil ich eine Einladung vergessen hatte!

Ich beschloss, mich als kultivierte Frau in ein, zwei guten Restaurants niederzulassen, wo ich an einem schön gedeckten Tisch mit gebührender Aufmerksamkeit bedient wurde, anstatt in eine Ecke gedrängt und einem unerfahrenen oder übermüdeten Kellner zugeteilt zu werden. Man muss mir zugute halten, dass ich es hinbekommen habe, diesen Entschluss umzusetzen, zumindest so weit, dass mich zwei Oberkellner akzeptierten. Sie wussten, dass ich ein gutes Trinkgeld gab und dass ich auf einfachem, aber exzellentem Essen bestand. Vor allem wussten sie, dass ich ganz allein einen Aperitif und eine kleine Flasche Wein oder einen Krug Ale trinken konnte, ohne dabei gefühlsduselig zu werden und ein gefundenes Fressen für die Gentlemen an der Bar abzugeben.

Ein- oder zweimal pro Woche ging ich in eines dieser Restaurants und bestellte mit aufgesetztem Selbstbewusstsein mein Essen. Immer etwas, das mich ausreichend und angenehm satt machen würde, um die vorhergehenden Abende, an denen mein Essen nur aus Suppe und Keksen bestanden hatte, wiedergutzumachen.

Meine kostspieligen kleinen Abendessen waren jedoch trotz meiner guten Absichten nicht mehr als ein Leben, das mir mehrfach verordnet wurde. Nachdem ich zunächst die Maxime, dass wir essen, um zu leben, für unvermeidlich hielt, war ich nun davon überzeugt, dass diese Maxime ignoriert werden sollte, dass wir vielmehr leben, um zu essen. Und nun gab ich für einen starren Plan, der zunehmend komplizierter wurde, mehr Geld aus, als ich es mir eigentlich hätte erlauben können. Ungeachtet der Loyalität meiner Kellner-Freunde, rümpften die Wölfe in einem Dutzend verschiedener Schafspelze – vom normal lüsternen bis hin zum lesbischen – ihre Nase über die Mauer, die ich um mich herum aufbaute. Ich wechselte den Sitzplatz, dann den Tisch. Ich las – ich las alles vom *Wendekreis des Krebses* bis hin zu *Das Gesetz der Mormonen*. Schließlich begann ich mich im Raum umzuschauen und vor mich hin zu summen.

Das war der Moment, in dem ich wusste, dass meine eigene Wohnung, mein eigenes zettelübersätes Zimmer mit dem Klappbett genau der richtige Ort für mich war. »Sich in der Öffentlichkeit niemals entmutigen lassen« – auf diesen Spruch des jungen Hemingway stützte ich mich in meinen schüchternen Zwanzigern mehr als nur einmal und wandelte ihn entschlossen ab: »Sich niemals zu Hause entmutigen lassen.«

Ich organisierte meinen Zeitplan so, dass ich jeden Morgen auf dem Weg ins Büro über den Markt ging. Anstatt am Ende eines langen Tages zu einem Lebensmittelladen zu hasten, um noch schnell ein paar Dosen zu kaufen, verstaute ich die auf dem Markt gekauften verderblichen Leckerbissen im Wasserkühler vor meinem Büro. Ich kaufte auch Dinge, die sich in einem elektrischen Speisewärmer erhitzen ließen: Alsenrogen (eine gute solide Mahlzeit, obwohl es niemandem außer mir zu schmecken scheint), doppelte Kraftbrühe und Ähnliches. In Bezug auf Eier und Butter wurde ich bewusst immer wählerischer; die größten, braunsten Eier waren nicht gut genug, keine Butter konnte frisch und süß genug sein. Auch besorgte ich ein oder zwei Kisten einfacher, aber köstlicher Weine. Obwohl das alles von mir so gewollt war, bedeutete es in Wirklichkeit einen emotionalen Rückzug. Ich hatte jedoch keine Alternative.

Tatsächlich aß ich sehr gut. Und ich mochte es auch – jedenfalls mehr als das Dosenöffnen oder den Aufwand, außer Haus zu speisen. Ich funktionierte ziemlich leidenschaftslos, zumindest täglich von zehn bis sechs Uhr in einer Hollywood-Studio-Abteilung, und aß, um leistungsfähig zu sein. Ich bemerkte, dass die Speisen auf verschiedene Weisen wirkten, und versuchte mein Wissen über Proteine und so weiter auf meine eigene Chemie zu übertragen. So machte ich mir ganz bewusst zwei Rühreier in etwas süßer Butter, obwohl ich oft lieber nur ein Glas Sherry und ein heißes Bad gehabt hätte.

Ich aß fast nie Fleisch, hauptsächlich, weil ich es

nicht vermisste und auch, weil es höchst umständlich war, es auf einem kleinen Grill zu braten und auf einem Teller zu schneiden, den ich auf meinen Knien balancierte. Außerdem roch es dann in der Einzimmerwohnung danach. Ich erfand viele unterschiedliche Salate mit frischem Kopfsalat, Kräutern und Gemüse, mit mariniertem, konserviertem Gemüse, ab und an auch mit Krebsfleisch und Ähnlichem. In Bezug auf Dosensuppen lernte ich einige Tricks, und sowohl Escoffier als auch die Chinesen würden staunen, was ich alles mit Fleischbrühe und einer Handvoll Brunnenkresse oder einem Löffel Soja anstellte.

Ich aß stets langsam von einem großen Tablett, das eine Mischung aus Woolworth und Spode war, und ich beruhigte meine Geister vorher mit einem Glas Sherry oder Wermut, der alten Weisheit beipflichtend, dass nur eine entspannte Kehle schlucken könne. Meist trank ich ein oder zwei Glas leichten Wein zum Essen: entweder eine große Tasse Suppe und etwas Käse mit einer Birne oder zwei Spiegeleier auf Toast mit brauner Butter und dazu Stangensellerie als etwas Frisches oder eine Dose Bohnensprossen, vermischt mit süßer Butter und etwas Soja und Zitronensaft, und ein großes Glas Milch.

Alles schmeckte gut, und ich war erleichtert, weit weg von meiner Arbeit und von den unverschämt neugierigen Leuten in den Restaurants zu sein. Ich spürte deutlich – so wie auch jetzt gerade –, dass behagliche Einsamkeit besser ist als Geistesverwandtschaft auf gut Glück. Wenn der *Eine* nicht mit mir zusammen sein konnte, um mit mir zu schlemmen, dann war ich meine beste Gesellschaft.

## Fünfzehnter Gang
### Die Kunst der Verführung

Leidenschaft bedeutet nicht das schwelende Feuer, das ich als Siebenjährige für meinen Vater empfand, als wir unter einer Eiche im Canyon zusammen Pfirsichkuchen aßen; auch nicht die anhaltende Begeisterung, die ich für die Frau empfand, die mir am Abend Milchtoast brachte, als ich einmal sehr krank war; es bedeutet auch nicht die glühende Verehrung, die ich meiner Mutter entgegenbrachte, die mich, als ich einmal etwas Schlimmes getan hatte, heimlich mit Butterkarotten und einem göttlichen Buttertoffee beruhigte; gemeint ist auch nicht das Vertrauen zwischen zwei Menschen, das ich einst verspürt habe, als ein sehr alter General sein Brot entzweibrach und mir eine Hälfte davon abgab.

Die romantische Leidenschaft, die ich meine, ist das Spiel der Geschlechter, des Kommen-und-Gehens, des Herausputzens und Herumtänzelns und des Sieges oder der Niederlage zweier Menschen, die sich – bewusst oder unbewusst – mit Essen oder auch mit zärtlichen Worten verführen.

Als ich das erste Mal die Kunst des Essens als Kunst der Verführung wahrnahm, war ich ungefähr acht Jahre alt. In meiner Klasse gab es einen Jungen namens Red, ein groß gewachsener, höhnisch grinsender, wilder Bursche, vielleicht sechs Monate älter als ich, der sich über mich lustig machte. Ich frotzelte zurück, völlig unangemessen, denn ich zitterte vor Aufregung.

Jeden Nachmittag folgte er mir nach der Schule nach Hause und seine Beleidigungen und seine lüsternen Anspielungen, die er gegenüber unseren kurzen Hosen machte, übertönte das Gekicher meiner Freundinnen.

Für die Witwen der Quäkersiedler unserer kleinen Ortschaft, die wegen unseres Lärms die Wohnzimmergardinen zur Seite schoben, müssen wir sehr seltsam ausgesehen haben, aber wären unsere Rufe und Pfiffe für ihre alten Ohren zu hören gewesen, so wären sie nicht so schockiert gewesen, denn wir sagten nichts weiter als »Ach, wirklich? Pah!«, aber das in tausendfach unterschiedlichen Tonlagen.

Meine Freundinnen gaben mir Ratschläge – zweifelsohne war Red seinerseits beraten worden –, und unser täglicher Marsch setzte sich ohne großartige Veränderungen bis zum 14. Februar jenes Jahres fort. Dann schenkte Red mir den größten, ausgefallensten und teuersten Valentinsgruß in der Klasse: ein Buch, auf dem hinten noch der Preis in der krakeligen Handschrift des Buchhändlers stand, die ihm einen Hauch von Extravaganz gab und die mein schlauer Verehrer auch nicht wegradierte.

Ich stolzierte weiterhin jeden Nachmittag im Tross meiner Klassenkameradinnen die Straße entlang, verfolgt von unseren Rittern, die uns mit Argusaugen beobachteten und anrempelten. Schließlich erlag ich dem Werben. Ich war ja auch nur ein Mensch, acht Jahre jung, und hatte einen Magen unterm Herzen. Red hatte mir einen Schokoladenriegel in mein Pult gelegt; ich glaube, er hieß *Cherrisweets*. Die Schokolade war mit Fondant und einer Kirsche gefüllt und in ein Stück Papier eingewickelt, das, wenn man es anfasste, rote und sündhafte Flecken hinterließ. Dies war für mich, die ich aus einem Elternhaus stammte, in dem Großmutter Süßigkeiten nicht wegen Karies oder Magenverstimmungen missbilligte, sondern weil Kinder sie mochten und Kinder grundsätzlich nichts bekommen sollten, was sie mochten – für mich war das nicht nur der Ausdruck höchster männlicher Zuneigung, sondern die reinste gastronomische Verzückung.

Zu Hause ließ ich die Schokolade ein paar Mal vor der Nase meiner Schwester kreisen. Doch dann teilte ich sie mit ihr, denn auch wenn wir uns als Kinder oft gegenseitig quälten, so liebten wir einander doch sehr.

Mein Herz war bewegt. Endlich wusste ich, dass ich Red liebte. Ich war seins, um eine Redewendung zu benutzen. Wir gehörten zueinander, ein Mann und eine Frau, die verstanden, welche Bedeutung die Kunst des Essens hatte.

Ich sah ihn nie wieder, da sein Vater, der bei Standard Oil arbeitete, nach Shanghai versetzt wurde, aber er hatte mit diesem Schokoladenriegel mehr Eindruck auf mich gemacht, als die meisten Männer mir in zwanzig Jahren mit Pol Roger-Champagner und lockeren Zungen machen konnten. Manchmal frage ich mich, ob er noch immer so lang, sommersprossig und respektlos ist und ob er sich noch daran erinnert, wie man eine Frau umwirbt. Ich jedenfalls danke ihm dafür, dass er mir – egal wie zufällig – half, den Zusammenhang zwischen Liebe und Essen zu erkennen.

***

Mit Essen kann man nicht nur verführen, mit Essen kann man auch trösten und heilen.

Milchtoast, wie unten beschrieben, ist Bestandteil des ungeschriebenen Kochbuches, nahezu eingebrannt in die Seelen derjenigen, die alle einmal Junge, Schwache oder Alte gepflegt haben. Er ist warm, mild, beruhigend und von großer Wirkung.

Nicht einmal in meinen privatesten Kochbüchern, die Rubriken enthalten wie »Kranke verpflegen« oder »Krankenkost«, findet sich dieses Rezept. Milchtoast ist, mit anderen Worten, ein instinktives, Schmerz linderndes Mittel, etwa wie gekochtes Wasser. Aber da einige Menschen vielleicht die Pflege ihrer Großmütter verpasst haben, werde ich das Rezept hier annäherungsweise wiedergeben. Natürlich kann es abgewandelt werden, je nach dem Zustand der Person, für die es bestimmt ist.

## Milchtoast

*für die Kranken, Schwachen, Alten, sehr Jungen oder Erschöpften:*

½ l Milch, Halbrahmstufe, wenn es vom Arzt nicht verboten ist
4 Scheiben gutes Brot, vorzugsweise selbst gemacht
süße Butter, wenn Butter erlaubt ist
Salz, Pfeffer, wenn es sich nicht um ein Kind oder einen sehr Kranken handelt

*Die Milch vorsichtig zum Kochen bringen. In der Zwischenzeit die Brotscheiben toasten und großzügig mit Butter bestreichen. Eine tiefe Schüssel anwärmen, den heißen, gebutterten Toast hineinbrocken, die dampfende, aber nicht kochende Milch darüber gießen, etwas Salz und Pfeffer darüber streuen und sofort servieren.*

Es ist offensichtlich, dass die Zutaten variiert werden können. Die Basis jedoch ist getoastetes Brot, das in warme Milch getunkt wird. Die süße Butter, die Gewürze, der Rahm und die Milch – das ist »Eingetunktes« für den Schlemmer, den man auch unter den Kranken finden kann.

Ich habe mir dieses Rezept mehr als nur einmal verschrieben, immer dann, wenn meine Wangen zuckten oder wenn ich ein Pochen in der Nähe meiner Ellenbogen und Knie vernahm. Dann habe ich eine warme Schüssel voll davon gegessen, ein ausgedehntes Bad genommen und bin früh zu Bett gegangen – eine sehr weise Medizin.

Ich erinnere mich daran, dass ich eines Abends mit einem Mann, der gesünder war als alle anderen, die ich kannte, weil er gerade erst von einer drei Monate langen furchtbaren Krankheit genesen war, in ein berühmtes, ruhiges Restaurant mit gedämpfter Beleuchtung ging, wie das *Chambord* zum Beispiel. Er war noch schwach auf den Beinen und sprach mit eingeschüchterter Stimme, als er für sich, eine höfliche, aber sachliche Entschuldigung vorbringend, Milchtoast bestellte und mir andeutete, dass es sich um einen kulinarischen Genuss handelte.

Ich brachte ihn und unseren Kellner ganz durcheinander, als auch ich nach einem Milchtoast fragte, weil ich plötzlich das beruhigende Gefühl auf meiner Zunge spüren wollte.

Während ich ein Glas Sherry trank, umgab uns eine zunehmende Aufregung. Ich brauchte einige Minuten, bis ich realisierte, dass wahrscheinlich noch nie jemand in dem fünfzig Jahre alten Restaurant Milchtoast – und sonst nichts – bestellt hatte. Die Kellner, deren Zahl sich in unserer Ecke des Raumes von drei auf zwölf erhöhte, betrachteten uns gespannt aus den Augenwinkeln. Als die silbernen Speisewärmer vor uns aufgefahren wurden, ging es los: brutzelnde Butter hier, dampfender Toast dort, fette Milch, die am Siedepunkt zitterte; eine riesige silberne Pfeffermühle, Salz, Paprika. Flammen stiegen auf. Die Kellner kamen in Bewegung. Und bevor wir der komplizierten und offensichtlich sehr gut einstudierten Choreografie folgen konnten, dampften zwei riesige Silberschalen vor uns – genauso wie im Kindergarten, nur größer und schöner - und wir saßen dort und löffelten den verschwenderischsten, lächerlichsten und Aufsehen erregendsten Milchtoast, den wir beide in unserem langen Leben je gegessen hatten.

Er war ein kleines Wunder der Gastronomie, sicherlich nicht wert, dass man dafür lange Zeit krank ist, aber doch wert, darüber nachzudenken, dass im Falle des Falles Milchtoast helfen könnte.

## Sechzehnter Gang
### Auswärts essen

Über die Annehmlichkeiten beim Essen wurde schon viel berichtet, aber nur wenige Autoren sind in der Lage, über das sehr moderne Phänomen des Essens in der Öffentlichkeit schreiben zu können.

Eines der besten Restaurants der Stadt, das ich mit fünf Jahren kennenlernte, war *Marcel's*. Mittlerweile haben die Flüchtlinge aus Hollywood und New York die Wahlmöglichkeiten erweitert, denn es gibt viele Restaurants in meiner Nähe, in denen ich mich gern aufhalte. Freunde von mir sehen das genauso.

Ich esse selten auswärts, und da ich schon sehr früh die süße Illusion von einer immerwährenden »Party« hatte, die zu allen möglichen Gelegenheiten stattfindet, ist für mich jede Einladung automatisch eine große Freude und ein Ereignis, egal, ob es sich um einen Hamburger in einem Drive-in oder um *Chicken Jerusalem* bei *Perino's* handelt.

Es ist jedoch falsch anzunehmen, die Leute, mit denen ich esse, würden ebenso entzückt sein. Denn das ist selten der Fall. Sie essen häufig auswärts (was für eine dumme Bezeichnung), sogar mehrmals pro Woche, und haben Geschäftsessen über Mittag. In kleinen Städten treffen sich die Angestellten aus den Büros, Handelskammern oder anderen Behörden zum Mittagessen; in einer großen Stadt sind es die Konferenzen mit Kollegen. In beiden Fällen – ganz gleich, welche Art von Essen serviert wird – ist man alles andere als entspannt und in gastronomischer Hinsicht gelangweilt bis zum Koma. Und was die Abendessen anbelangt, so sind diese allenfalls eine Mischung aus Geschäft und Vergnügen. Da alle Menschen essen müssen und alle Menschen Geld machen müssen, um zu essen, scheint man die Meinung zu vertreten, dass man daher auch gleich beides miteinander kombinieren könne.

Das Ergebnis dieser Einstellung ist der immergleiche Anblick in jedem Restaurant vom *Black Kat* auf der South Main bis *Mike Romanoff's* auf dem Rodeo Drive: Sorgfältig gekleidete Frauen sind sehr höflich zu anderen sorgfältig gekleideten Frauen, während ihre männlichen Begleiter in unsichtbaren Kreisen umeinander herumschleichen und Möglichkeiten erörtern – ob nun ein neuer Plastikplattenfußboden im Badezimmer gelegt werden soll oder Topstars für zweihundert Riesen gekauft werden.

Diese Mittag- und Abendessen sind ziemlich offensichtlich der Grund dafür, dass erfolgreiche Leute Magenbeschwerden haben. Ich bin vielleicht weniger erfolgreich, bin aber dafür von solch fürchterlich wichtigen Ereignissen verschont worden. Ich weigere mich beinahe schon kategorisch, auswärts zu essen. Ich weigere mich, meine Kindheitsträume voller Freude und Begeisterung unter dem Stimmengewirr von Weibergeschwätz und dem Klirren unerwirtschafteter Dollars in Routine und langweiliges Abfüttern verwandeln zu lassen.

Dennoch gibt es Anlässe, zu denen man auswärts

essen muss. Einer dieser Anlässe war, als ich eine VIP (*Very Important Person*) zum Abendessen begleiten musste. Er hatte mich und andere glamouröse Gäste oft bei sich zu Hause verwöhnt, mit elektrisch gemixten Cocktails, mit dem elektrisch beleuchteten Swimmingpool und dem elektrisch rotierenden Bratenspieß. Ich dachte, es wäre eine Ehre für ihn, wenn ich ihm ein Abendessen kochen würde. Aber nein: mit viel Taktgefühl wurde ich von seiner Frau, seiner Sekretärin und der Sekretärin seines direkten Vorgesetzten darauf hingewiesen, dass er sich schlecht, nein, sogar schrecklich fühlen würde. Nun gut, sagte ich mir, nun gut, und verdrängte meine Enttäuschung darüber, dass das Essen auswärts stattfinden sollte.

Da es sich bei meinem Freund um eine lokale Größe handelte, rief ich einen Tag vorher im Restaurant an und bestellte einen Tisch. Das würde ärgerliches Warten verhindern, ganz gleich, wie diplomatisch die Schlange von einem guten Oberkellner durch die Bar geschleust würde.

Zweitens bestellte ich ein Essen für vier Personen, wobei ich mich an den Vorlieben meiner ehrenwerten Gäste, soweit ich sie kannte, orientierte, ganz so, als würden wir bei mir zu Hause essen. Mein Gast war ein Freund von Fleisch und Kartoffeln, aber ein Feind ausgefallener Saucen. Er war ein Liebhaber von Scotch und Wein, außer gekühltem Rosé. Nun gut; Räucherlachs, ein kleines Stück Lamm, Anna-Kartoffeln, belgischer Endiviensalat und ein Tablett *Langlois Blue*, *Rouge et Noir*-Camembert und *Teleme Jack*-Käse; Scotch oder Sherry zuerst und danach Louis Martinis *Gamay-Rosé*.

Es entsprach nicht meiner Vorstellung einer perfekten Mahlzeit, war aber zu genießen.

Dadurch, dass ich vorher bestellte, vermied ich ein Problem, das beim Auswärtsessens auftritt, und zwar die Verwirrung, die unweigerlich folgt, wenn die Speisekarte mehr als zwei Personen gleichzeitig gezeigt wird. Während der Kellner wartet, grübeln und stottern die Gäste und demonstrieren auf unterschiedliche Weise ihre Ignoranz oder ihr vermeintliches Wissen. Sie brummeln und murmeln in die Luft, unterstellen dem armen gehetzten Angestellten gottgleiche Hörfähigkeiten und missachten die Tatsache, dass sie Gäste an einem Tisch sind. Die Männer bestellen gewöhnlich Bekanntes, was stocklangweilig ist. Die Frauen nippen an ihren Cocktails und ändern ihren Wunsch noch mindestens zweimal, nachdem sich der Kellner die Bestellung bereits notiert hat. Es herrscht ein allgemeines Chaos, und niemand scheint zu realisieren, dass, wenn dieselben Menschen zu Hause eingeladen wären, niemand auch nur auf die Idee käme, seine Wünsche so verworren und willkürlich aufzugeben, und die Gastgeberin es ihrerseits nicht wagen würde, ihre Gäste dem auszusetzen. Nein, eine gute Mahlzeit inner- oder außerhalb eines privaten Kreises sollte im Voraus bestellt werden (oder zumindest mit großer Entschlossenheit vom Gastgeber am Tisch), um dieses peinliche Gerede und die daraus folgenden nicht zueinander passenden Gerüche, Gerichte und Portionen zu vermeiden, wenn eine Gruppe auf die Speisekarte liest.

Als Drittes ging ich zum Oberkellner und gab ihm Trinkgeld. Und da ich das Restaurant kannte – auch die guten Beziehungen zwischen den verschiedenen Angestellten –, ließ ich auch ein Trinkgeld für den Mann da, der sich nach acht Uhr um uns kümmern würde.

Schließlich veranlasste ich, dass die Rechnung mir zugesandt werden würde. Meiner Ansicht nach gibt es bei einem Restaurantbesuch nichts Unangenehmeres als den obligatorischen Streit darüber, was für selbstverständlich gehalten wird. Wenn Männer dabei sind, so sehen sie es als einen Affront gegen ihre Männlichkeit, eine Frau zahlen zu lassen. Wenn Frauen zusammen essen, versuchen sie sich mit Geschrei zu übertrumpfen und die Lauteste zückt den Scheck – ein kostspieliger, aber kurioserweise lohnender Triumph. Ich fühle mich zurückgewiesen, wenn ich jemanden, gleich welchen Geschlechts, eingeladen habe, mit mir zu essen, und mir dann galant die Rechnung aus der Hand gerissen wird. Genauso wäre ich beleidigt, wenn ein Gast, der bei mir zu Hause gegessen hat, einen Geldschein für all die Lebensmittel, die ich verwendet habe, unter seinen Teller schieben würde.

Als ich das Restaurant verließ, hatte ich das Gefühl, alles mir Mögliche getan und meinem Freund zu einem Essen verholfen zu haben, das ich ihm für ein Viertel der Kosten und etwa ein Achtel der Mühe zu Hause hätte geben können, das er aber aufgrund seiner speziellen Bedeutung in einer sehr speziellen Firma hundertmal mehr genießen konnte, weil es in diesem speziellen, dem besten Speiselokal der Stadt stattfand.

Alles verlief wunderbar. Der Tisch war der »richtige«, der Scotch war anständig, der Kellner eilte über Samt, andere VIPs nickten und lächelten. Die Lachsscheiben waren *so* dünn, der Wein kam, das Lamm war ein Meisterstück und der Oberkellner kalt wie ein Chirurg.

Als sich mein Gast an diesem Abend zum ersten von unzähligen Malen zu mir wandte und sagte: »Wissen Sie, dass in meinem ganzen Leben noch nie jemand ein Essen für mich bestellt hat?«, dachte ich an all die Abendessen, zu denen ihn Leute eingeladen hatten, Leute, die ihn aus dem einen oder anderen Grund erfreuen wollten – so wie ich.

»Nein«, sagte er am Ende des Abends unter Tränen, »nein, noch nie! Ich hasse Speisekarten. Ich gehe in Restaurants, in denen man weiß, was ich will, nur damit ich nicht in die Speisekarte gucken muss. Wenn ich so tue, als ob ich schaute, habe ich in Wirklichkeit etwas auswendig gelernt, das ich dann aufsage. Wenn mir mein Arzt geraten hat, Tomaten zu essen, sage ich ›Ein frisches Tomatenomelette‹ – so etwas in der Art, damit sie mir etwas Aufmerksamkeit entgegenbringen. Manchmal bin ich von all den Franzosen genervt und sage ›*Spécialité de la maison*‹ – wie ist mein Akzent? Aber, wissen Sie, das ist das erste Mal, dass jemand versteht, dass ich Speisekarten hasse und es hasse, bestellen zu müssen und – wissen Sie, es ist wie ein Fest!«

Es wäre einfach für mich, zu erwähnen, dass mein Gast in diesem etwas rührseligen Moment unter den Tisch rutschte. Er tat es nicht. Es war ein schöner Abend, mit guten Gesprächen, sogar in Hollywood, wo die Tatsache, dass wir uns öffentlich amüsierten, uns zu peinlichen Außenseitern machte. Er hatte etwas von der festlichen Behaglichkeit und der Begeisterung für Feierlichkeiten aus meiner Kinderzeit – für mich eine

Belohnung dafür, die grundlegenden Prinzipien des richtigen Auswärtsessens befolgt zu haben. Ich behandelte meinen Gast so gut es ging, als wäre er bei mir zu Hause, und Wunder geschahen.

## Siebzehnter Gang
### Familienfeiern

Wenn sich Verwandte zu Weihnachten, zu Thanksgiving oder zu anderen Festen in großen Gruppen versammeln, um gemeinsam zu essen und zu trinken, wird gelästert und gescherzt und überall sieht man lachende Menschen – auf den Titelblättern von Zeitschriften und in Romanen, vom zahnlosen Baby bis zum zahnlosen Greis. Wenn Massen von selbst gebackenen Süßigkeiten konsumiert und Apfelwein literweise gezecht werden, dann breitet sich eine Fröhlichkeit rings um den überhäuften Tisch aus wie die Böen eines Präriefeuers. Nach dem Essen, wenn alle gesättigt sind, holt das Mannsvolk seine Schnitzmesser heraus, die Frauen (manchmal »Fraun« gesprochen, um den unüberhörbaren Provinzialismus hervorzuheben) hantieren und plappern in der Küche und die vollgestopften Kinder strecken ihre dicken Bäuche heraus.

Die nackte Wahrheit dagegen ist, dass Familienfeiern häufig eine Qual sind und für Magenverstimmung sorgen, dass sie von verstecktem Groll, Langeweile und psychosomatischen Beschwerden begleitet werden.

Für einen ruhigen Seegang ist es am besten, wenn man die Verwandten nur zur Testamentsvollstreckung zusammenruft. Dies setzt zumindest gute Manieren während des Essens voraus, sofern der Anwalt nicht erst danach kommt. Unter Umständen werden die Fleischpasteten auf Beerdigungen mehr genossen als die Taufkuchen oder Hochzeitssuppen, denn die subtile Würze des Wunschdenkens – noch ohne Enttäuschung, Angst oder Hass – verleiht ihnen ein spezielles Aroma.

Meine eigenen Erfahrungen mit Familienfeiern liegen irgendwo zwischen leichter Ironie und der üblichen Tendenz, alles zu idealisieren. Wenn zu Weihnachten häufig an die zwanzig Leute unserer Familie zu einem ausgedehnten Mittagessen zusammenkamen, das keiner von uns gewohnt war, war mir mit elf oder zwölf Jahren bereits bewusst, dass der ganzen Zeremonie eine Verbissenheit innewohnte, ein Gefühl, dass wir auf Biegen und Brechen pflichtgemäß durchhalten mussten, weil mein Großvater sehr alt war und vielleicht nächstes Jahr schon nicht mehr leben würde oder weil eine Tante ihren abscheulichen, wenn auch sehr reichen Ehemann verloren hatte oder aus anderen Gründen. Es wurde stillschweigend hingenommen, dass am nächsten Tag meine Schwester Anne schlapp und reizbar und meine Mutter übermüdet war, während die Köchin mürrisch die Gläser polierte und die Stapel von Tischdecken und Servietten »besten« irischen Leinens beäugte, die gewaschen werden mussten. Nur mein Vater strahlte immer noch: er liebte Festivitäten aller Art, sogar die familiären.

Ich scheine, und dafür bin ich dankbar, seine Fähigkeit, das alles als Sport zu betrachten und zu genießen, geerbt zu haben, zum Glück kombiniert mit der Fähigkeit meiner Mutter, damit klarzukommen. Trotz meiner Überzeugung, dass die Zusammenkunft von willkürlich zusammengewürfelten Verwandten das Stumpfsinnigste, wenn nicht Gefährlichste der Welt ist, bin ich doch verrückt genug, meine ganze Familie zum Essen einzuladen, und das nicht nur einmal.

Das letzte Essen – vielleicht das gewagteste von allen – verlief jedoch so souverän, dass ich heute noch stolz darauf sein kann, denn es war das erfolgreiche Ergebnis von langer Planung und tagelanger Vorbereitung.

Eltern, Nichten und Neffen, die Kinder – alle kamen. Also mussten Hotelzimmer in der nahe gelegenen Stadt reserviert und große Vorräte an Essen und Trinken für die Feiertage, an denen die Läden geschlossen waren, angelegt werden. Das Kaminholz musste unter der Plane verstaut werden, falls es regnen sollte (es goss), und Wundpflaster und -salbe mussten bereitliegen (mein Neffe und meine zweijährige Tochter stürzten von einem Felsen in den Weiher). Und schließlich brauchte ich ein großes Maß an Selbstbeherrschung (mein Lieblingsmann schoss einige meiner Lieblingswachteln).

Das alles bedeutete viel Arbeit: Vor dem Fest hatte ich das Essen für ungefähr zwölf Personen pro Mahlzeit vorbereitet, für drei Mahlzeiten pro Tag, und das für drei Tage. Dazu die passenden Weine und die anderen Getränke in ausreichender Menge. Das, und dabei kann ich mir auf die Schulter klopfen, ist keine schlechte Meisterleistung.

Ich hatte alles sorgfältig überlegt, und das hat sich gelohnt. Nichts ging schief. Es herrschte eine Atmosphäre von Fröhlichkeit und Zuneigung – und das zwischen Menschen unterschiedlichen Alters, unterschiedlichen Geschlechts und unterschiedlicher Überzeugungen in politischer, religiöser *und* sozialer Hinsicht. Auch das eine Meisterleistung. Alles verlief gut – ein wahres Wunder.

Hin und wieder gibt es einen glücklichen Zufall in Familien, und Geschwister, Neffen und Nichten, Großeltern, die sich kühl oder gar feindlich gegenüberstehen, finden sich in einer stickigen Imbissbude ein und essen in aller Herzlichkeit und in vollem Einvernehmen miteinander. Aber das ist selten. Meist muss so ein Treffen im Voraus umsichtig und behutsam arrangiert werden.

Es ist nicht selbstverständlich, dass ein zusammengewürfelter Haufen Menschen, nur weil Weihnachten ist, sich freudig wiedervereint und zusammen das Brot bricht. Man muss sie zur Begeisterung, Überraschung und nachfolgender Freude anstacheln, ja schockieren. Eingefahrene Muster – das Essen, die Blumen, das Geschirr – müssen neu arrangiert werden, um die Todsünde solcher Familienfeiern aufzubrechen – wenn das, was zu häufig gesagt, gefühlt und gedacht wurde, immer wieder gesagt, gefühlt und gedacht wird: träges Gift in jedem Bissen, alter Groll und neu aufkeimende Feindseligkeit. Warum in Gottes Namen legt Mutter ihren Arm immer auf *diese* Art und Weise auf den Stuhl, und warum springt Helens Mieder immer auf, wenn sie die abgegessene Fleischplatte hochhebt und von Vater wegnimmt, und warum trommelt mein Schwesterherz mit ihren Fingern immer so gegen den Rand ihres Weinglases? Wahres Gift, das unbedingt vermieden werden muss.

Es gehört Mut dazu, eine Familienfeier auszurichten, und den hatte ich damals. Da ich aber ziemlich abgebrannt war und meine Verwandten, auch wenn sie noch so besonnen ausgewählt waren, nicht in ein angemessenes Restaurant einladen konnte, rief ich meine Familie – Vater, Mutter, Bruder und Schwestern – zu einem kleinen Abendessen ins Esszimmer meiner Ranch zusammen, einfach so ohne Anlass. Das konnte ich bezahlen, bis auf das letzte Salzkorn, was eigentlich dumm war, meine junge Seele aber mit Stolz erfüllte.

Ich deckte den Tisch mit dem besten Tafelsilber, Porzellan und Kristall der Familie – vor allem mit den schillernden und unglaublich dünnen Weinkelchen, die wir immer für Feiern verwenden –, ging zu *Bernstein's on the Park* in Los Angeles und kaufte wunderbar frische Schalentiere: winzige Küstengarnelen, Krabben und auch Hummerscheren, rosafarbene Garnelen und kleine Muscheln in ihren lilafarbenen Schalen. Außerdem kaufte ich flache runde Laibe Sauerteigbrot, gute Spaghetti, süße Butter und echten Käse, nicht den, der aus Abfallprodukten gemacht und zu Stanniolblöcken geschmolzen wird. Ich kaufte *Wente Brothers'* Grauen Riesling und *Colony Tipo Red* aus der italienischen Schweiz und für mich stark gerösteten Kaffee im Drugstore.

Das war, kurz gesagt, das Knochengerüst der Feier. Das Fleisch an diesen Knochen war schon eine andere Sache. Es stimmt, dass mich meine Jugendlichkeit verbissener kämpfen ließ, als ich es heute tun würde, aber ich denke immer noch, dass es richtig war, gegen die unweigerliche Langeweile eines Essens *en famille* zu rebellieren.

Als Erstes veränderte ich die Sitzordnung. Ich war es leid, meinen Vater zu sehen, wie er gegen die hässliche massive Anrichte gelehnt saß, mit dem immer etwas schief hängenden viereckigen Spiegel hinter seinem rechten Ohr, und nahm an, dass er es ähnlich leid war, über den Tisch in Richtung meiner Mutter zu blicken, die immer von allem möglichen verdeckt war, das man stehen ließ, ob es gebraucht wurde oder nicht: Zigarettenkisten, Aschenbecher, Zuckerstreuer, eine Louis-Quinze-Schnupftabakdose mit Süßstoff, zahlreiche Salzstreuer, eine alte Pfeffermühle aus Holz und der ewiggleiche frische, aber ideenlose Blumenstrauß oder was auch immer im Garten wuchs. Kurz entschlossen beseitigte ich den Krempel, der mir die letzten fünfzehn Jahre auf die Nerven gegangen war, und arrangierte in einer flachen Schüssel »gekaufte« Kamelien anstelle eines im Vorgarten »gewachsenen« Kraut-und-Rüben-Busches.

Meine Eltern wurden in ihren Grundfesten erschüttert, um es vorsichtig auszudrücken, und lediglich ihre tief verinnerlichten Manieren hinderten sie daran, vor meinem verrückten Plan zurückscheuen wie Rehe, deren Trinkstelle verlegt wurde.

Dies waren meine ersten und drastischsten Versuche, äußerst plump, gebe ich zu, aber letztendlich sehr erfolgreich, um das aufzubrechen, was mir ein sterbenslangweiliges Muster zu sein schien. Die nächste Maßnahme war ein Buffet auf der Anrichte. Das hatte es bei uns noch nie gegeben. Ich weihte vorher meine Geschwister ein, und dann zwangen wir meinen Vater aufzustehen und seinen ersten Gang Schalentiere zu holen, was er ungeheuer genoss, nachdem er sich vom ersten Schock, nicht bedient zu werden, erholt hatte. Glücklich pickte er auf den wunderschönen Platten mit Garnelen und anderen Meeresfrüchten herum und stellte einen schönen Teller für meine Mutter zusammen, die mit einem fast scheuen Lächeln dasaß und diese neue Situation sanft, aber für immer unvergesslich in ihre zarte Seele und ihr Herz aufnahm.

Mein Bruder schenkte den kalten Riesling mit überschwänglicher Geste ein und übernahm damit das Privileg, das eigentlich meinem Vater gehörte. Später servierte ich eine Kasserolle mit Spaghetti, ohne die reichhaltige Sauce, die es seit Urzeiten in unserer Familie gab. Und weil die Tradition aufgegeben wurde, waren sie doppelt so gut.

Der *Tipo* war gut. Der *Tipo* floss. Und so, oh Wunder, floss auch unser Gespräch. Wir waren – zumindest für einen Moment – solidarisch, lehnten unsere Arme leicht gegen das kühle Holz, ergriffen ohne Hintergedanken unsere kleinen Tassen mit heißem bitteren Kaffee oder unsere Gläser. Vielleicht lachten wir nicht so wie die Familien auf den Bildern und in den Geschichten, aber wir lachten mit den Augen und waren einander zugetan. Es war ein gelungenes Zusammentreffen, und das Planen war es wert. Es machte die anderen, unumgänglichen Massenessen erträglicher und unterstrich den unleugbaren Fels in der Brandung, die Familie.

Für Spaghetti gibt es ein unverzichtbares Ritual. Manchmal, wenn ich das Resultat endlosen Dämpfens, Köchelns, Kratzens und Abschmeckens eines Amateurkochs (anders kann man es nicht sagen) hatte über mich ergehen lassen müssen, dachte ich, dass dem überhaupt alles andere vorzuziehen sei. Aber, zum Glück mag ich Spaghetti zu sehr, als dass ich darauf verzichten wollte.

Als ich in einem der vornehmsten Restaurants von Los Angeles zum ersten Mal sah, wie Spaghetti richtig gegessen werden, in unterschiedlichen Längen, aber immer mit der gleichen Konsistenz, mit viel Butter und geräuschvollem Schlürfen, da war ich ziemlich jung, vierzehn oder so, aber alt genug, um mich gut zu benehmen. Und die Tatsache, dass es Ignace Paderewski war, den ich beim Spaghetti-Essen beobachtete, konnte meinen Ekel nicht schmälern. Dass er es offensichtlich genoss, hatte nichts zu bedeuten, denn ich meinte immer noch, dass man des Tisches verwiesen würde, wenn man die Spaghetti hinunterschlingt und dabei kleckert, was er beides unbekümmert tat. Über diesen Anblick habe ich noch sehr lange nachgedacht.

Wenn bei uns zu Hause Spaghetti gemacht wurden, verwendete man am liebsten – auch heute noch – übrig gebliebenes Rind- oder Lammfleisch. Obwohl nicht besonders originell, mochten wir die weichen, in kleine Stücke zerbrochenen Nudeln, die Fleischstückchen, Tomaten, Käse und die Kruste, die sich beim Backen obenauf bildete. Wir mögen es immer noch, und unabhängig davon, wie das Leben unsere Geschmacksnerven verändert hat, wenn wir für ein Wochenende oder eine Woche zu Hause sind, hoffen wir, dass es Hähnchen- oder andere Fleischreste gibt, damit Helen Spaghetti machen kann.

Gegen diese faden und schlecht gemachten Spaghetti begehrte ich erst auf, als ich flügge wurde und meine große Begeisterung für die Amateurküche hinter mir ließ. Ich hasste es, an das klebrige, lauwarme Durcheinander zu denken, das ich, ach, *vie bohème*, auf dem schmutzigen Fußboden meines Studios sitzend und mit einem Glas roter Tinte neben mir, glücklich überwunden hatte. Heute hasse ich diesen Gedanken *nicht* mehr! Ich bin froh, dass ich daran zurückdenken kann, und froh darüber, dass ich auf eine gedankenlose jugendliche Lebendigkeit zurückblicken kann.

Dennoch ziehe ich die Gegenwart vor, auch meine Art, Spaghetti zuzubereiten, und weiß, dass es auf die richtige Kochdauer und -hitze ankommt, egal wie einfach sie gemacht werden. James M. Cain nennt zwei typische Rezepte für kräftige Saucen, die man je nach Geschmack gut zu einfachen Spaghetti servieren kann. »Es gibt immer einen komischen Kauz – so einer, der auch Salz in sein Bier streut –, der seine Spaghetti nur mit Butter mag«, schreibt Cain und empfiehlt, immer ein kleines Stückchen Butter dazu zu servieren.

Nun streue ich zwar kein Salz in mein Bier, bin aber trotzdem ein »komischer Kauz«, da ich nicht nur Spaghetti, sondern sämtliche Teigwaren ohne die üblichen Saucen esse. Meistens verzichte ich überhaupt ganz auf Saucen, und ich kann voller Stolz sagen, dass so mancher Saucenliebhaber meinen Tisch verließ und von meiner Theorie überzeugt war, dass zu frischen heißen Spaghetti nichts besser passt als viel süße Butter, frisch gemahlener Pfeffer und geriebener Parmesan und dass man sie ohne Rücksicht auf die Blicke von Vierzehnjährigen, wie ich sie dem unschuldigen Paderewski zuwarf, mit einem guten Chianti oder einem *Tipo Red* runtergespült.

Ich gebe zu, dass es in gewisser Weise schwieriger ist, mein scheinbar einfaches Rezept nachzukochen, als jemanden aus dem »Essen-und-Wein-Klub« meine Küche durch seine »berühmten Spaghetti-Essen« verwüsten zu lassen. Ich erinnere mich an allzu viel Safran und süßen Majoran und kann mich des zynischen Gefühls nicht erwehren, dass die vielen *Highballs* vor dem Essen mit dem Beifall der halb verhungerten Gäste mehr zu tun hatten als mit der tatsächlichen Qualität des Essens.

Hier nun meine Spaghetti, wie ich sie am liebsten mag.

Man nehme eine Schüssel geriebenen Parmesankäse – den richtigen, körnigen, natürlichen –, ein großes Stück süße Butter, einen gut funktionierenden Salzstreuer und eine frisch gefüllte Pfeffermühle, so viele heiße Teller, wie es Leute gibt, und eine große, heiße Kasserolle, in der ein Stück Butter zerlassen wurde.

Die – guten – Spaghetti in ausreichend kochendes Wasser geben und schnell kochen. (Wenn die Spaghetti wirklich gut sind, gebe ich kein Salz in den Topf.) Wenn sie halb gekocht sind, ein Stück Butter oder einen Esslöffel Olivenöl hinzugeben. Das hält das Wasser davon ab überzukochen und scheint die Gefahr des Zusammenklebens zu verhindern. Wenn man die Spaghetti, die natürlich vorher nicht zerbrochen werden, zwischen Daumen und Zeigefinger zerdrücken kann, sind sie fertig – mehr als *al dente*, aber nicht zu weich. Die Spaghetti dann in ein großes Sieb gießen oder besser noch werfen, zunächst sehr kaltes Wasser gründlich darüber laufen lassen und danach noch gründlicher kochend heißes Wasser (ich weiß, dass das für einige gastronomische Puristen eine abscheuliche Prozedur ist) und kräftig schütteln, damit sie etwas abtrocknen. Die glühend heißen Spaghetti in die fast zischende Kasserolle geben und sie dann sofort auf den ebenfalls heißen Tellern verteilen.

Der nächste Schritt schließt sämtliche sogenannte Tischmanieren aus: Er muss mit Schnelligkeit – einer Fähigkeit, die durch viel Übung entwickelt werden kann – und zugreifendem Enthusiasmus ausgeführt werden. Auf den Spaghettiberg gibt man einen großen Brocken süße Butter (wer zuerst kommt, mahlt zuerst …); dann großzügig salzen und pfeffern, obenauf Parmesan streuen und mit der Gabel alles zu einem wohlriechenden, dampfenden, reichhaltigen Medusaähnlichem Wirrwarr vermischen.

Nun bleibt nur noch, die Spaghetti zu essen. Das soll jedoch gemäß des allgemeinen *bien-être* und der entspannten Atmosphäre, die sich mittlerweile innerhalb der Truppe ausgebreitet haben sollte, unbeschrieben bleiben. Lasst uns einfach sagen, dass Paderewski es auf schöne Weise tat.

## Achzehnter Gang
## Das perfekte Dinner

Als ich einst gemächlich, aber nicht trödelnd von Vézelay nach Avallon spazierte (es waren nur etwa sechzehn Kilometer, aber ich brachte gut fünf Stunden auf den wenig befahrenen Straßen damit zu), diskutierte ich mit meinem Begleiter die Frage nach dem idealen Dinner, und zwar mit einer Intensität, wie sie für ein so langes Gespräch eher selten ist.

Alles sprach für eine angeregte Unterhaltung in aller Muße. Das Wetter war drückend, ein Apriltag von atemberaubender Klarheit. Nach vielen Regentagen dampfte und bebte die satte Erde; die Aufregung der Vögel in der Luft, der Hasen auf dem Boden und der Maulwürfe und Regenwürmer unter der Erde war nahezu greifbar. Ich war jung und gesund. Und mein Begleiter war nicht nur meine große Liebe, sondern auch ein Mann, der in einer Welt voller Menschen mit schwerfälligen Zungen ein charmanter Redner war, sodass wir neben unseren körperlichen Gefühlen, die wir miteinander teilten, immer miteinander sprechen konnten, egal worüber. Das genossen wir sehr.

Unsere unsinnigen Betrachtungen über »Das perfekte Dinner« waren herrlich, wie es nur in so einer Gemeinschaft sein kann. Auch wenn ich das Meiste mittlerweile vergessen habe, so hallt das ruhig dahingleitende Gemurmel unserer Stimmen – mal nachdenklich, dann wieder spottend oder einfach nur albern – unauslöschbar in meinen Ohren nach. Es war eine Art Wettbewerb, und wir traten mit all unserer List gegeneinander an, weil jeder gewinnen wollte.

Wir kamen überein, dass für die gastronomische Perfektion der Zeitpunkt, der Ort und das Wetter, vor allem aber die Personen genauso wichtig waren wie das Essen selbst. Wir einigten uns darauf, dass sechs die ideale Anzahl an Personen sei, uns beide eingeschlossen.

Ich nannte Colette (das würde ich heute vielleicht nicht mehr tun, da sie mit ihrem Temperament, das sie im Alter an den Tag legte, vielleicht das Gespräch an sich reißen würde, was für ein Fest, wie ich es mir vorstellte, nicht gut wäre) und den Prince of Wales (der ein so unglaublich schöner Mensch war, dass auch Mrs. Simpsons gertenschlanker Schatten die Gedanken von Millionen Frauen nicht verdunkelt hatte, und der, so nahm ich an, aufgrund seiner großartigen sozialen Fähigkeiten einen guten Tischgefährten abgeben würde: amüsant, wenn nicht gar geistreich, charmant, wenn nicht gar übermäßig intelligent). Ich kann mich nicht mehr erinnern, wer meine beiden anderen Gäste gewesen waren, und auch nicht, wer die Gäste meines Geliebten waren.

Mein Dinner sollte in der abendlichen Kühle eines heißen Augusttages auf der großen Dachterrasse eines Hauses am Quai Voltaire in Paris stattfinden. Der erste Gang sollte noch bei Helligkeit serviert werden; mit Kerzen, die später angezündet werden sollten; die ganze Glasfront der Wohnung offen; mit Gazevorhängen in den Farben der Abenddämmerung, die sich in der von der Seine aufsteigenden Luft bewegen würden; und mit den rosafarbenen Lichtern der Tuilerien, die den Himmel färbten. (Das ist alles, was ich wollte!)

Das Essen habe ich vergessen, bis auf eine Kleinigkeit, auf der ich bestand, weil ich hundertprozentig davon überzeugt war, dass etwas plötzlich Unerwartetes und eine kleine Überraschung jedes gute Abendessen beleben würden: Ein Zwischengang bestand aus kleinen, ziemlich pfeffrigen *Enchiladas*, für die echte *Tortillas* und Hähnchenbrüste verwendet wurden, ganz offensichtlich eine verschwenderische Version dieser Delikatesse, die zufällig am Ende eines heißen, anstrengenden Tages auftauchte – oder so etwas in der Art.

Das ist alles, was mir von diesem langen, feierlichen und nachdenklichen Gespräch in Erinnerung geblieben ist – alles, was konkret ist. Colette ist zurückgetreten und ebenso der Prinz, ja sogar mein Begleiter. Über die Realität lässt sich einfacher nachdenken. Ich strebe zwar immer noch die Perfektion an, aber ich bin nicht unzufrieden, wenn ich sie nicht erlange, während ich auf der Straße nach Avallon noch jede Fantasterei ernsthaft in Erwägung zog.

Und ich bin nicht wie damals darauf angewiesen, dass das Wetter, der Ort und die Einrichtung perfekt aufeinander abgestimmt sein müssen; inzwischen bin ich bereit, ein paar Kompromisse zu machen.

Heute denke ich, dass die gastronomische Perfektion folgendermaßen erreicht werden kann: eine Person, die allein isst, meist auf einer Couch; zwei Personen, gleich welchen Geschlechts oder Alters, die in einem guten

Restaurant essen; sechs Personen, gleich welchen Geschlechts oder Alters, die bei jemandem zu Hause essen.

Drei oder vier Personen können auch manchmal perfekt sein, in der Öffentlichkeit wie auch zu Hause. Aber sie müssen geistig einander ebenbürtig sein, anderenfalls ist das Gespräch – das gesprochene genauso wie das ungesprochene –, das einen wichtigen Kontrapunkt für die Harmonie beim Essen darstellt, langweilig und quälend. Sechs Personen regen sich normalerweise gegenseitig an und machen das Ganze beiläufiger, wenn nicht sogar weniger wichtig.

Auf keinen Fall sollte ein Liebespaar dabei sein, das die anderen langweilen würde. Andererseits sollten sie auch keine sexuellen oder beruflichen Kämpfe ausfechten; das würde nur Gift auf die Teller streuen, von denen alle essen müssen. Eine gute Kombination bestünde aus einem verheirateten Paar, das für angenehme Gelassenheit sorgt; aus einem noch nicht etablierten Paar, um dem Gespräch einen gewissen Ermittlungscharakter zu geben; und aus zwei Fremden beiderlei Geschlechts, an denen die miteinander besser bekannten Gäste ihre Fragetechniken verfeinern können.

Alle sechs sollten in ihrem Vokabular einander ebenbürtig sein – das heißt, sie sollten sich in einer oder mehreren allgemein verständlichen Sprachen unterhalten können und das Vokabular sollte weder zu einfach noch zu kompliziert sein.

Was die sozialen Hürden anbelangt, sie sollte es nicht geben. Falls aber zufällig ein sonst intelligenter und charmanter Gast, aufgrund von frühen Erfahrungen oder späteren äußeren Zwängen, das Essen in

Gegenwart eines Schlachters oder eines Kernphysikers nicht genießen kann, so sollten Letztere ein anderes Mal eingeladen werden oder umgekehrt: Es ist dumm, die Harmonie eines solchen Abends aus demokratischen, gastronomischen oder anderen Gründen zu gefährden.

Ein Abendessen für sechs mit Bedacht ausgewählte Menschen sollte nicht an einem öffentlichen Ort ausgerichtet werden: ein großer Tisch in einem Restaurant, sofern er nicht in einem *salon privé* steht, ist nicht nur schwierig zu bedienen, auch die Konversation ist schwierig. Wenn der Geräuschpegel der anderen Gäste laut genug ist, um das Gespräch der sechs Leute zu übertönen, dann ist es so laut, dass sich die Gespräche auf zwei Gesprächspartner reduzieren. Und wenn ein Thema so interessant ist, um sechs Personen in ein Gespräch zu verwickeln, so sind sie gezwungen zu schreien, was unattraktiv und letzten Endes unangenehm ist. Nein, für sechs Personen ist ein privates Esszimmer – egal wie prächtig oder einfach – der beste Ort.

Dort kann einfach und ruhig bedient werden, entweder von einem Bediensteten, vom Gastgeber oder von der Gastgeberin. Und dort, in der ruhigen Abgeschiedenheit, kann mühelos eine Vertrautheit entstehen, die in der Öffentlichkeit unmöglich ist. Man kann so viel Zeit mit einem Gang zubringen, wie es einem gefällt oder die Stimmung verlangt, ohne sich nach dem Rhythmus des Restaurantservices richten zu müssen. Außerdem – und das ist aufgrund der Interessengleichheit vielleicht das Wichtigste – kann man Gerichte essen, die man in Restaurants, und seien sie noch so groß, nicht bestellen kann, weil sie von den viel beschäftigten Profiköchen aus Gründen des Snobismus, der Wirtschaftlichkeit und ungetrübter Ignoranz abgelehnt werden.

Es ist meiner Meinung nach ratsam, Gerichte zu vermeiden, die zu ausgefallen oder zu stark gewürzt sind; einer der weniger vertrauten Gäste kann sich bei der bloßen Erwähnung von Schnecken *à la mode de Bourgogne* ekeln oder mit einem *Bombay-Curry* durch das Höllentor geschickt werden. Andererseits finde ich es schade, ein Roastbeef zu servieren, egal wie gut es auch sein mag, denn es ist beinahe zur Gewohnheit geworden. In neun von zehn Fällen wird es bestellt, wenn Leute zum Essen ins Restaurant gehen.

Wenn Beefsteak gegessen wird, sollte es in Form von *Tournedos Rossini* sein, die fast jeder Koch ordentlich zubereiten kann (wenn er es sich leisten kann) und die die Gäste in ihrer überraschend luxuriösen Variante zufriedenstellen wird.

Wenn Hähnchen, das vielleicht am zweithäufigsten bestellte Gericht in öffentlichen Gaststätten, aus welchen Gründen auch immer gewünscht werden, sollte es nicht wie in jedem Restaurant gebraten oder gegrillt werden: Es sollte Hähnchenfleisch bleiben, einfach und ehrlich, und auch noch so aussehen, um die Pingeligen nicht abzuschrecken. Gebratenes Hähnchenfleisch kann zum Beispiel mit Pilzen und Sahne serviert werden; gegrillt sollte es ein Dressing haben, das die Gäste noch nie probiert haben, mit *Kasha* und gehackten Klaffmuscheln.

Mit anderen Worten: das Gewöhnliche sollte ungewöhnlich gemacht werden und Außergewöhnliches sollte die Hülle für Gewöhnliches sein. Seit meiner Entscheidung, Colette und dem Prince of Wales auf einer Pariser Dachterrasse *Enchiladas* aufzutischen, glaube ich immer noch fest an den Überraschungseffekt! Und ich habe genügend Beweise dafür, dass man engherzige Gewohnheiten gelegentlich sprengen sollte, nicht bis zu dem Punkt, an dem man Angst und Schrecken verbreitet, aber doch *ausreichend.*

Ein Gast beispielsweise, der sich rühmt, ein Fleisch-und-Kartoffel-Esser zu sein (ob das nun dumm ist oder nicht), sollte genau das bekommen. Aber das Fleisch sollte ein Stück vom Lamm sein, gespickt mit einer Knoblauchzehe und mit etwas Brandy abgelöscht, um die klebrige Fettigkeit zu verhindern. Das Lamm wird in einem fast lauwarmen Ofen so lange gegart, bis der Saft klar herausläuft. Das ist alles. Eine Kasserolle mit Erbsen und Pilzen würde wunderbar dazu passen. Und die Kartoffeln? Die könnten als nächster Gang folgen, eigenständig nobel, flockig püriert mit Sahne und Butter, dann mit Parmesan bestreut und für einen kurzen heißen Augenblick unter die Ofenflamme gestellt. Der Fleisch-und-Kartoffel-Esser würde seine gewohnte Kost bekommen, die aber doch anders wäre, die ihn verblüffen, aber gleichermaßen erfreuen würde, als ob der Koch die heilige Teresa an seiner Seite hätte, um sich einzugestehen, dass Gott gleichermaßen zwischen Töpfen und Pipkins wie auch zwischen Klöstern und Handelszentren wandelte.

Ein perfektes Essen für sechs gut ausgewählte Gäste, das diese in einem mit Kerzenlicht erleuchteten kleinen Zimmer verweilen lässt, beruht notgedrungen auf

Hunderten von bereits genannten Aspekten wie Ort, Wetter, Stimmung und dergleichen. Hunger und eine mittelmäßige bis gute Gesundheit sind grundlegende Voraussetzungen, da niemand, der sich mit einem noch so kräftigen Nachmittagssnack zufrieden gibt oder durch ein Magengeschwür behindert ist, viel zum allgemeinen Wohlbefinden beiträgt. Gesetzt dem Fall dann, dass es sechs Leute sind (zwei Schöne, ein Intelligenter, drei, die in verwandten Bereichen wie zum Beispiel Architektur, Musik und Fotografie zu Hause sind), ein kühler Herbstabend mit vielleicht genug Wind draußen, sodass das Speisezimmer noch mehr als sonst eine Oase zu sein scheint, ein guter Koch oder eine gute Köchin …

Ich bin dieses allmächtige Geschöpf, zumindest heute Abend. Schlauerweise habe ich Arbeiten, die in letzter Minute erfolgen müssen, auf ein Minimum reduziert, sodass es scheint, als sei ich an nichts interessiert außer an meinen Gästen. Bevor wir das Esszimmer betreten, trinken wir Martini oder Sherry und essen roten Kaviar aus einer großen Schale. Mit dem roten kann man momentan großzügiger sein als mit dem schwarzen oder dem grauen. Dazu in dünne Scheiben geschnittenes dunkles Brot, süße Butter und Zitronenscheiben.

Der Esszimmertisch ist in warmen Farben gedeckt, da schließlich Herbst ist: nur Rottöne, mit braunen Griffen versehene Messer, solide Teller und stabile Kelchgläser, rosa- und lilafarbene Weintrauben in der Mitte – eine tatsächlich sehr unverblümte Dekoration.

Zuerst trinken wir eine heiße doppelte Kraftbrühe – aus Muschel- und Kalbsfleischfond, um langsam zum

Fleischgeschmack überzuleiten – mit einem Schuss trockenen Martini, der die als Aperitif getrunkenen Martinis mit dem dann folgenden Wein verbinden soll.

Dies wird ein gesetzter, schwerer Burgunder sein, zu schwer für alles andere außer für Feierlichkeiten, in diesem Falle ein *Paul Masson Pinot Noir*, dessen dicke grüne Flaschen auf der Anrichte edel aussahen.

Als Nächstes kommt eine beinah mittelalterliche Platte mit Schinkenbraten, kunstvoll mit Backpflaumen angerichtet und in einer Sauce, die von Nichtkennern als süßsauer bezeichnet wird. Dazu gibt es Bandnudeln in Butter, die die schwere Tunke aufnehmen.

Der Wein fließt glücklich die Kehlen hinunter. Die sechs Personen unterhalten sich, räkeln sich mit neuer Behaglichkeit auf ihren Plätzen und fühlen unter der Haut ein neues Breughel-artiges Vergnügen.

Dann gibt es einen großen milden Blattsalat (»um den Magen zu reinigen«, wie Rabelais sagen würde), mit ein wenig Weinessig angemacht, sodass die starke Gerbung des Weines nicht angegriffen wird, und leicht geröstetes Sauerteigbrot, das auch zum nächsten Gang mit auserlesenen Käsesorten gereicht wird: Batterien von Gorgonzola, Camembert, der mehr zerfließt als aufrecht steht, makelloser *Gruyères*, *Cheddar* mit Biss und Doppelrahm, so wohltuend wie die Fingerspitzen eines Babys.

Der Wein wird besser, besonders mit der dritten Flasche. Die Kerzen beginnen zu flackern. Es gibt starken schwarzen Kaffee, und man sitzt sorglos bei den letzten Happen Käse und pickt den letzten Brotkrumen von der Tischdecke auf. In diesem Augenblick meines

Lebens verspüre ich eine Leichtigkeit, sowohl sozial als auch privat, die ich mehr schätze als Rubine. Es ist zum Jammern, denn zu oft drücken heute die Leiden der Welt wie ein Krebsgeschwür auf unsere Herzen und hängen wie ein Schwert über unseren Betten. Wenn in der Alchemie der Gastfreundschaft eine solche Erleichterung, wie ich sie beschrieb, erreicht wird, so ist es zu unserem allgemeinen Besten. Und wenn bessere, weit gereiste Weine und seltenere Köstlichkeiten mein Menü ersetzen, das auf regionalen und meinen eigenen finanziellen Möglichkeiten basiert, so kann meiner Meinung nach nichts Besseres mehr kommen.

## Editorische Notiz

Aus vier Titeln von MFK Fisher – *The Gastronomical Me, Serve It Forth, How To Cook A Wolf, An Alphabet For Gourmets* –, die in den Jahren 1937 bis 1949 in Amerika herauskamen und 1954 in einer Neuauflage erschienen, wurden für den vorliegenden Band 18 Texte ausgewählt.

Aus *The Gastronomical Me*
Warum ich über den Hunger schreibe (Foreword)
Der erste Geschmack (The Measures of My Powers)
Picknick in der Abenddämmerung (A Thing Shared)
Das französische Messer (The Measures of My Powers)
Das Königreich der Töpfe und Pfannen (The Measures of My Powers)
Die erste Auster (The First Oyster)

Aus *Serve It Forth*
Achthundert Tage und Nächte Kauen und Schlucken (When a Man is Small)
Den Abend in Muße totschlagen (Meals for Me)
Der Duft von Dijon (Two Birds Without a Branch)
Kulinarische Träume (Set-Piece for a Fishing Party)
Wenn Lukullus mit Lukullus speist (On Dining Alone)

Aus *How To Cook A Wolf*
Wie man Wasser kocht (How to Boil Water)
Wie man Eier nicht kochen soll (How Not to Boil an Egg)

Aus *An Alphabet For Gourmets*
Essen in Einsamkeit (A is for Dining Alone)
Die Kunst der Verführung (R is for Romantic)
Auswärts essen (D is for Dining out)
Familienfeiern (F is for Family)
Das perfekte Dinner (From A to Z: The Perfect Dinner)

Brigitte Ebersbach (Hrsg.)

**Gäste und Feste bei Jane Austen**

*blue notes 68,* 144 Seiten
Halbleinen, Fadenheftung
ISBN 978-3-86915-138-0

Eine Auswahl der schönsten Texte von Jane Austen zum Thema »Gäste und Feste« – vom rauschenden Ball bis zum legeren Picknick auf dem Lande.
Mit Passagen aus Familienbriefen und aus den großen Austen-Romanen *Stolz und Vorurteil*, *Mansfield Park*, *Emma* und *Überredung*. Ein besonderer Lesegenuss für alle Fans der großen Dame der englischen Literatur, garniert mit köstlichen Originalrezepten von Jane Austens Familie.

– www.ebersbach-simon.de –

Rainer Moritz (Hrsg.)

**Frankreich à la carte**
**Kulinarische Geschichten**

*blue notes 71,* 144 Seiten
Abb., Halbleinen, Fadenheftung
ISBN 978-3-86915-154-0

Frankreichkenner Rainer Moritz hat in diesem Erzählband köstliche kulinarische Geschichten versammelt, u.a. von Honoré de Balzac, Roland Barthes, Colette, Gustave Flaubert, Anna Gavalda, Marcel Proust und Mme de Sévigné. Ein literarischer Gaumenschmaus rund um die Klassiker der französischen Küche, bei dem Bœuf bourguignon, Ente à l'orange, Poularden, Pâté, Champagner und Chablis freilich nicht fehlen dürfen. Bon appétit!

– www.ebersbach-simon.de –

Gabriele Katz

**Liebe mich!**
**Erich Maria Remarque**
**und die Frauen**

*blue notes 72,* 144 Seiten
Abb., Halbleinen, Fadenheftung
ISBN 978-3-86915-158-8

Er war elegant, wohlhabend und charismatisch: Erich Maria Remarque, der große Antikriegsautor des 20. Jahrhunderts und Meister melancholischer Liebesgeschichten einer »verlorenen Generation«. Die Hauptrolle in seinem Leben spielten stets die Frauen, doch glücklich wurde er auf Dauer nicht mit ihnen. Gabriele Katz stellt die wichtigsten Frauen im Leben des Autors vor, darunter Jutta Zambona, Marlene Dietrich, Natalie Paley, Paulette Goddard, und zeigt, wie eng Remarques Leben und Werk miteinander verwoben sind.

– www.ebersbach-simon.de –

Annette Seemann

**Ich bin eine befreite Frau**
**Peggy Gugenheim**

*blue notes 74,* 144 Seiten
Abb., Halbleinen, Fadenheftung
ISBN 978-3-86915-159-5

Annette Seemann beleuchtet den unkonventionellen Lebensweg der Peggy Guggenheim, ihren Aufstieg zur Mäzenin, Kunstikone und bedeutendsten Galeristin des 20. Jahrhunderts. Ein außergewöhnliches, eigenwilliges Frauenleben, geprägt von Schicksalsschlägen, turbulenten Ehen, leidenschaftlichen Affären und Beziehungen zu einigen der größten Künstler der Zeit, wie Samuel Beckett, Max Ernst und Jackson Pollock.

– www.ebersbach-simon.de –

1. Auflage 2018
© für die deutsche Übersetzung
ebersbach & simon, Berlin

Serve it Forth:
Copyright © 1937, 1954 by M.F.K. Fisher
How to Cook a Wolfe:
Copyright © 1942, 1954 by M.F.K. Fisher
The Gastronomical Me:
Copyright © 1943, 1954 by M.F.K. Fisher
An Alphabet for Gourmets:
Copyright © 1949, 1954 by M.F.K. Fisher

Bildnachweis Frontispiz: aus dem Nachlass M.F.K. Fisher
Umschlaggestaltung: Lisa Neuhalfen, moretypes, Berlin
Satz: Birgit Cirksena · Satzfein, Berlin
Druck und Bindung: GGP Media GmbH, Pößneck
Printed in Germany
ISBN 978-3-86915-160-1

www.ebersbach-simon.de